# किशोर कुमार के हिट फिल्मी गीत



संकलन एवं संपादन

**आरती गांधी**

डायमंड बुक्स

प्रकाशक : डायमंड पॉकेट बुक्स (प्रा.) लि.
X-30 ओखला इंडस्ट्रियल एरिया, फेज-II
नई दिल्ली - 110 020
फोन : 0111-40712200
ई-मेल : sales@dpb.in
वेबसाइट : www.diamondbook.in

---

Kishore Kumar Ke Hit Filmi Geet
*By : Collection & Editing by Aarti Gandhi*

# विषय सूची


1. न हंसना मेरे गम पे इन्साफ.... 7
2. अरे देखा न हाय रे, सोचा... 7
3. नादां न समझ पागल दीवाना... 8
4. होठों पर रंगत है दिल में.. 9
5. आज रोना पड़ा तो समझे... 9
6. रूप तेरा ऐसा दरपन में ना... 10
7. देखा है जिन्दगी को कुछ... 10
8. कभी पलकों में आंसू हैं... 11
9. अन्धेरी रातों में सुनसान राहों... 11
10. ओ मांझी रे... 12
11. अरे भाई निकल के आ घर ... 13
12. अरे देख रहे हैं... 14
13. ओ मुझे तेरी चाहत के... 15
14. जिन्दगी का ये एहसान है... 16
15. जो तुम हंसोगे तो दुनिया... 17
16. आओ झूमे गाएं... 17
17. आसमां के नीचे... 18
18. अजनबी, तुम जाने पहचाने... 19
19. आपके अनुरोध पे मैं ये... 20
20. ये क्या हुआ कैसे हुआ... 20
21. आपके कमरे में कोई रहता ... 21
22. बन के नजर दिल की जुबान...21
23. इक दिन किसी फकीर ने... 22
24. मेहरबानो कदरदानो दोस्तो... 22
25. देखा फूलों को कांटों पे सोते... 23
26. लिए सपने निगाहों मैं चला... 24
27. ईना मीना डीका डे डाई... 24
28. कजरा लगा के, गजरा... 25
29. कसमें वादे निभाएंगे हम... 26
30. करवटें बदलते रहे सारी... 27
31. अभिमन्यु ऽऽऽ चक्रव्यूह... 27
32. कुछ तो लोग कहेंगे... 28
33. बरसों पुराना ये याराना... 29
34. किसका रस्ता देखे, ऐ दिल... 29
35. आप न जाने मुझको समझते ...30
36. रुक जाना नहीं तू कहीं हार... 31
37. ठण्डी हवा ये चांदनी सुहानी... 31
38. इन्साफ की कुर्सी पे पहले... 32
39. आए तुम याद मुझे गाने लगी... 33
40. जीवन के सफर में राही... 33
41. किसी की बेवफाई का... 34
42. चन्दा ओ चन्दा, चन्दा... 34
43. मेरा जीवन कुछ काम... 35
44. मिले कहीं दो अजनबी... 35
45. तेरे विशाल हृदय ने पाई... 36
46. ओ मेरे दिल के चैन... 36
47. ओ साथी रे तेरे बिना... 37
48. मेरे महबूब कयामत... 38
49. कभी सोचता हूं कि कुछ... 38
50. दीये जलते हैं, फूल खिलते... 39

51. मेरे नैना सावन भादों फिर भी... 39
52. सोई जा तारा, आ सोई जा... 40
53. मेरे दीवानेपन की भी दवा... 40
54. आज तू गैर सही, प्यार से... 41
55. कोई होता जिसको... 42
56. जाने कैसा है मेरा दीवाना... 43
57. दुनिया ओ दुनिया तेरा जवाब... 43
58. ये लाल रंग, कब मुझे छोड़ेगा...44
59. तेरी दुनिया से होके मजबूर... 44
60. कैसे कहें हम प्यार ने हमको... 45
61. मुसाफिर हूं यारों, न घर है... 45
62. धरती की तरह हर दुख सह... 46
63. ये जीवन है इस जीवन का... 46
64. छोटी-सी ये दुनिया, पहचाने... 47
65. सांझ पड़े गाये दीवाना... 47
66. जिन्दगी प्यार का गीत है... 48
67. जब से सरकार ने नशाबन्दी... 49
68. तेरा हुस्न अल्लाह-अल्लाह... 50
69. जीवन से भरी तेरी आंखें.. 50
70. जीवन की बगिया महकेगी... 51
71. हजार राहें मुड़ के देखीं... 51
72. जो राह चुनी तूने उसी... 52
73. हम बन्जारों की बात मत... 52
74. खाना मिलेगा, पीना मिलेगा... 54
75. ये दोस्ती, यारी, मुहब्बत... 55
76. तनक तुक तन्दा.... 56
77. प्रिये...प्रिये.... 56
78. तुमने किसी से प्यार किया... 57
79. अरे तू है बुद्धू ब्रह्मचारी... 58
80. चूड़ी नहीं ये मेरा दिल है.... 59
81. कल की ना करो बात... 60
82. हलो.. 61
83. अपने जीवन की उलझन को... 63
84. किसी ने मांगे हीरे मोती... 63
85. हे मैंने कसम, ली... 64
86. आओ बच्चों मैं तुम्हें... 65
87. रोते हुए आते हैं सब हंसता... 65
88. दूल्हा बिकता है बोलो... 66
89. जरा हंस के....जरा खिलखिला... 67
90. एक बबलू पूछे बबली से... 67
91. शोखियों में घोला जाए फूलों.. 69
92. मेरी काली कलूटी के नखरे.. 69
93. ढल गया दिन हो गई शाम... 70
94. मुझे मत दुआ दे कि मैं ... 71
95. समां है सुहाना नशे में जहां... 72
96. चांदनी चांद से होती है... 72
97. फौजी गया जब गांव में.. 73
98. मुहब्बत-मुहब्बत-मुहब्बत... 74
99. शादी का मतलब जानती हो... 75
100. ऐ मेरी टोपी पलट के आ... 76
101. मुझे कहते हैं रोमीयो... 77
102. हो चेहरा है या चांद खिला है...78
103. याहू, याहू! हाय तुमसा नहीं... 79
104. तू मेरा राम मैं लखन तेरा... 80
105. जी भर के देख लूं मैं तुम्हें... 80
106. माता प्रकट हो दूर संकट... 81
107. पीने वालों को पीने का... 82
108. बोल सियावर रामचन्द्र की... 82
109. दिल लगाना तुम क्या जानो... 83
110. पलक से तोड़कर देखा सितारे...84
111. फूलों का तारों का सबका... 84
112. रेड लाइट...रेड लाइट... 85
113. हमें तुमसे प्यार कितना... 86
114. यार हमारी बात सुनो, ऐसा... 86

115. अरे दीवानो....मुझे पहचानो... 87
116. सच है ये कोई इल्जाम नहीं... 88
117. कुछ लोग मोहब्बत करके हो... 89
118. हम बोलेगा तो बोलेगा कि... 90
119. मेरे दिल से दिल्लगी न कर... 90
120. जिन्दगी, हंसने गाने के लिए... 91
121. कोई बात करे है बरसों की... 92
122. जिन्दगी, इक सफर है सुहाना... 92
123. जॉन जॉनी जनार्दन... 93
124. जानू मेरी जान मैं तेरे कुर्बान... 94
125. तंग मैं आ गया हूं जवानी... 95
126. आंखों में क्या जी?... 95
127. हम बन्दे हैं प्यार के मांगें .... 96
128. जगमग-जगमग करता... 97
129. जीवन के रास्ते में... 97
130. इक अजनबी हसीना से यूं... 118
131. नजराना भेजा किसी ने... 119
132. तेरे मेरे मिलन की ये रैना... 119
133. ऐ यार सुन यारी तेरी मुझे... 121
134. तुझमें ईश्वर, अल्लाह तुझमें... 121
135. तुम आ गए हो नूर आ... 122
136. काली पलक तेरी गोरी... 123
137. तेरे हमसफर गीत हैं तेरे... 124
138. खाली घर की दीवारों पे... 124
139. कोरा कागज था ये मन... 125
140. कमाता हूं बहुत कुछ, पर... 126
141. दिल्लगी ने दी हवा... 126
142. खिलते हैं गुल यहां... 127
143. गुम है किसी के प्यार में... 128
144. दीवाना ले के आया है दिल...129
145. अरे भंग का रंग जमा हो... 129
146. दिल आज शायर है, गम... 131
147. दिलबर जानी चली हवा... 131
148. गोरे रंग पे न इतना गुमान... 132
149. चलते चलते मेरे ये गीत... 132
150. चल चल चल मेरे हाथी... 133
151. अगर साज छेड़ा तराने... 134
152. छेड़ो न मेरी जुल्फें सब... 134
153. छूकर मेरे मन को, किया... 135
154. दिल दिल से मिलाकर देखो...135
155. प्यार दीवाना होता है... 136
156. धीरे से जाना खटियन में... 136
157. बागों में बहार है... 137
158. भीगी-भीगी रातों में मीठी... 138
159. नाच मेरी बुलबुल कि पैसा... 139
160. चाहिए थोड़ा प्यार-थोड़ा... 139
161. मच गया शोर सारी नगरी... 140
162. मेरी प्यारी बहनिया बनेगी... 141
163. मेरा जीवन, कुछ काम न... 141
164. मेरे सामने वाली खिड़की... 142
165. पिया पिया पिया मोरा जिया... 143
166. भंवरे की गुंजन है मेरा... 143
167. मेरे नैना सावन भादों फिर... 144
168. मिले जितनी शराब, मैं तो... 145
169. मैं इक चोर तू मेरी रानी... 145
170. मितवा मितवा मितवा... 146
171. मेरे सपनों की रानी कब... 147
172. मैं बांगाली छोकरा करूं... 148
173. मिलते ही नजर आप मेरे... 149
174. मैं तो चला जिधर चले... 149
175. यहां-वहां सारे जहां में तेरा... 150
176. ये दोस्ती हम नहीं तोड़ेंगे... 151
177. ये दिल न होता बेचारा... 151
176. ये क्या हुआ कैसे हुआ... 152

177. यारो आओ खुशी मनाओ... 152
178. ये जो मुहब्बत है, ये उनका... 153
179. रात कली इक ख्वाब में.. 153
180. रोमियो जूलियट लैला मजनूं.. 154
181. ले जाएंगे, ले जाएंगे... 155
182. लिखा है तेरी आंखों में.. 156
183. सुनो सुनो, अरे सुनो... 157
184. वक्त थोड़ा-सा अभी और... 158
185. हमारे सिवा, तुम्हारे और... 159
186. हूं-फूलों के रंग से दिल... 160
187. हम हैं राही प्यार के हम से... 161
188. सुन जा ओ ठण्डी हवा... 161
189. हूंऽऽ चार पैसे क्या मिले... 162
188. हमको तो यारा तेरी यारी... 163
189. हारमोनियम बजाया...तबला... 163
190. हम प्रेमी प्रेम करना जानें.. 165
191. शीशे के घरों में देखो तो... 165
192. हम तो मुहब्बत करेगा... 166
193. हो तुझ पे कुरबां मेरी जान... 166
194. हम बन्जारों की बात मत... 167

# अनुरोध

**गीत** : आनन्द बक्शी **संगीत** : लक्ष्मीकांत प्यारेलाल

न हंसना मेरे गम पे इन्साफ करना
जो मैं रो पड़ूं तो मुझे माफ करना
जब दर्द नहीं था सीने में
तब खाक मजा था जीने में
अब के शायद हम भी रोएं सावन के महीने में
जब दर्द नहीं था सीने में... यारों का गम क्या होता है
मालूम न था अनजानों को साहिल पे खड़े होकर हमने
अक्सर देखा तूफानों को
अब के शायद हम भी डूबें मौजों के सफीने में
जब दर्द नहीं था सीने में... ऐसे तो ठेस न लगती थी
जब अपने रूठा करते हैं इतना तो दर्द न होता था
अब के शायद दिल भी टूटे अब के शायद हम भी रूठें
इस कदर प्यार तो कोई करता नहीं
मरने वालों के साथ कोई मरता नहीं
आपके सामने मैं ना फिर गाऊंगा
गीत ही जब ना होंगे तो क्या गाऊंगा
मेरी आवाज प्यारी है तो दोस्तों यार बच जाए
दुआ सब करो...

# बम्बई टू गोआ

**गीत** : राजेन्द्र कृष्ण **संगीत** : आर.डी बर्मन

अरे देखा न हाय रे, सोचा न हाय रे, रख दी निशाने पे जान
कदमों में तेरे निकले मेरा दम, है बस यही अरमान
देखा न हाय...
बल्ले बल्ले...हाय...
मिट जाएंगे, मर जाएंगे, काम कोई कर जाएंगे
मर के भी चैन न मिला तो जाएंगे यारों कहां
देखा न हाय....
कातिल है कौन, कहा नहीं जाए, चुप भी तो रहा नहीं जाए
बुलबुल है कौन, कौन है सैयाद, कुछ तो कहो मेरी जान
देखा न हाय...

# बेगाना

**गीत** : अनजान **संगीत** : अनु मलिक

नादां न समझ पागल दीवाना
सबको अपना माना तूने, मगर यह न जाना
मतलबी हैं लोग यहां पर, मतलबी जमाना
सोचा साया साथ देगा निकला वह बेगाना
अपनों में मैं बेगाना
खुशियां चुराके गुजरे वह दिन
कांटे चुभा के बिछड़े वह दिन
आंखों से आंसू ये कहने लगे
यह क्या हुआ, यह क्यों हुआ, कैसे हुआ मैंने न जाना
जिन्दा हैं लाशें, मुर्दा जमीं है
जीने के काबिल दुनिया नहीं है
दुनिया को ठोकर क्यूं न लगा दूं
खुद अपनी हस्ती क्यूं न मिटा दूं
जी के यहां जी भर गया
दिल अब तो मरने का ढूंढ़े बहाना
नजरों से मेरी देखे कोई
दुनिया यह क्या थी क्या हो गई
बेगाने अपने क्यूं हो गए
दिल तो वही है चेहरे नए
जीना है तो सीखो यहां
चेहरे पे यूं चेहरा लगाना
मर के जिए हम जिसके लिए
दिन रात आंसू हंस के पिए
इल्जाम उसने क्या–2 दिए
कहते भी क्या हम चुप रह गए
रिश्ते अगर हैं रिश्ते यही तो
मैं क्या किसी से रिश्ता-निभाता

## ड्रीम गर्ल

**गीत** : आनन्द बक्शी  **संगीत** : लक्ष्मीकान्त प्यारेलाल

होठों पर रंगत है दिल में मोहब्बत है
क्या जिस्मे औरत है, बस जन्नत ही जन्नत है
ड्रीमगर्ल...ड्रीमगर्ल...ड्रीमगर्ल...
ड्रीमगर्ल...ड्रीमगर्ल...
किसी शायर की गजल ड्रीमगर्ल
किसी झील का कमल ड्रीमगर्ल
कहीं तो मिलेगी कभी तो मिलेगी
आज नहीं तो कल ड्रीमगर्ल
लिपटी गुलाबों में सिमटी हिजाबों में
ख्वाबों में आती है भीगी शराबों में
पास रहती है वो पल दो पल...
कौन? ड्रीमगर्ल...ड्रीमगर्ल...
गम से बिखर जाऊं, जी से गुजर जाऊं
क्या तेरी मरजी है बिन देखे मर जाऊं
हो कभी परदे से बाहर निकल
ड्रीमगर्ल...ड्रीमगर्ल...
किसी शायर की गजल ड्रीमगर्ल...
किसी झील का कमल ड्रीमगर्ल...

## गर्ल फ्रैन्ड

**गीत** : साहिर  **संगीत** : हेमन्त कुमार

आज रोना पड़ा तो समझे, हंसने का मोल क्या है?
अपना सपना खोना पड़ा तो समझे।
ख्वाबों की हकीकत क्या थी? अरमानों की कीमत
क्या थी
अपनों की मोहब्बत क्या है?
गैर होना पड़ा तो समझे।
सुख मिलता है किस मुश्किल से, क्या कहती है दुनिया
दिल से
इस रंग भरी महफिल से
दूर होना पड़ा तो समझे।

निकले थे जिन्हें अपनाने, वे लोग थे सब बेगाने
इस बात को हम दीवाने
चैन खोना पड़ा तो समझे।

## एक बार मुस्कुरा दो

**गीत** : एस.एच. बिहारी, **संगीत** : ओ.पी. नैय्यर

रूप तेरा ऐसा दरपन में ना समाए
खुशबू तेरे तन की मधुबन में ना समाए
मुझे खुशी मिली इतनी कि मन में न समाए
पलक बन्द करलूं कहीं छलक ही न जाए
रूप तेरा ऐसा...
मुझे न मिली जो वो खुशी तूने पाई
ऐ दोस्त मुबारक हो तुझे प्यार की शहनाई
दुआ मेरे दिल की दामन में ना समाए
मुझे खुशी मिली इतनी कि मन में ना समाए
रूप तेरा ऐसा...
मीत मेरा छीन लिया तूने छब दिखा के
सदा उसे रखना पलकों पे तू बिछा के
इतना सुख देना जीवन में ना समाए
मुझे खुशी मिली इतनी कि मन में ना समाए
रूप तेरा ऐसा...

## एक महल हो सपनों का

**गीत** : साहिर **संगीत** : रवि

देखा है जिन्दगी को कुछ इतना करीब से
चेहरे तमाम लगने लगे हैं अजीब से
देखा है....
कहने को दिल की बात जिन्हें ढूंढ़ते थे हम
महफिल में आ गए हैं वो अपने नसीब से
देखा है....
नीलाम हो रहा था किसी नाजनी का प्यार
कीमत नहीं चुकाई गई इक गरीब से
देखा है....
तेरी वफ़ा की लाश पे ला मैं ही डाल दूं

रेशम का ये कफन जो मिला है रकीब से
देखा है....

## हरजाई

**गीत** : गुलशन बावरा **संगीत** : आर.डी. बर्मन

कभी पलकों में आंसू हैं, कभी लब पे शिकायत है
मगर ऐ जिन्दगी फिर भी मुझे तुझसे मुहब्बत है,
कभी....
जो आता है वो जाता है ये दुनिया आनी जानी है
यहां हर मुसाफिर है सफर में जिन्दगी है
उजालों की जरूरत है अन्धेरा मेरी किस्मत है
कभी पलकों पे...मगर ऐ जिन्दगी...फिर भी मुझे
जरा ऐ जिन्दगी दम ले तेरा दीदार तो कर लूं
कभी देखा नहीं जिसको उसे मैं प्यार तो कर लूं
अभी छोड़के मत जा अभी तेरी जरूरत है
कभी पलकों पे...मगर ऐ जिन्दगी फिर भी मुझे...
कोई अनजान सा चेहरा उभरता है, फिजाओं में
ये किसकी आहटें जागीं मेरी खामोश राहों में
अभी ऐ मौत मत आना मेरी वीरान जन्नत है
कभी पलकों पे...मगर ऐ जिन्दगी फिर भी मुझे...

## शहंशाह

**गीत** : आनन्द बक्शी **संगीत** : अमर–उत्पल

अन्धेरी रातों में सुनसान राहों पर हर जुल्म मिटाने को एक मसीहा निकलता है
जिसे लोग शहंशाह कहते हैं
अन्धेरी रातों में सुनसान राहों पर...
जैसे निकलता है तीर कमान से
देखो ये चला वो निकला वो शान से
उसके ही किस्से सबकी जुबान पे
वो बात है उसकी बातों में
अन्धेरी रातों में सुनसान राहों पर...
ऐसे बहादुर देखे हैं थोड़े
जुल्मो सितम की जंजीर तोड़े, पड़े तो पीछा ना छोड़े

बड़ा है जोर उसके हाथों में शहर की गलियों में वो फिरता है
दोस्तों से दोस्त बन कर मिलता है
दुश्मनों के सर पर ऐसे गिरता है
जैसे बिजली गिरे बरसातों में...
अन्धेरी रातों में सुनसान राहों पर...

## खुशबू

**गीत** : गुलजार **संगीत** : आर.डी. बर्मन

ओ मांझी रे
ओ मांझी रे
अपना किनारा
नदिया की धारा है
ओ मांझी रे
अपना किनारा
नदिया की धारा है
ओ माझी रे
साहिलों पर बहने वाले
कभी सुना तो होगा कहीं, हो-हो
कागजों की कश्तियों का
कहीं किनारा होता नहीं
ओ मांझी रे ओ मांझी रे
कोई किनारा जो किनारे से मिले वो
अपना किनारा
नदिया की धारा है
ओ मांझी रे ओ मांझी रे
कोई किनारा जो किनारे से मिले वो
अपना किनारा है
ओ मांझी रे
अपना किनारा
नदिया की धारा है
ओ मांझी रे
पानियों में बह रहे हैं
कई किनारे टूटे हुए, हां
हो...रास्तों में मिल गए हैं

सब ही सहारे छूटे हुए
हो...मांझी रे मांझी रे
कोई सहारा मझधार से मिले तो
अपना सहारा है
ओ मांझी रे
अपना किनारा नदिया की धारा है
नदिया की धारा है

## नई दिल्ली

**गीत** : शैलेन्द्र **संगीत** : शंकर-जयकिशन

अरे भाई निकल के आ घर से
आ घर से
दुनिया की रौनक देख फिर से
देख ले फिर से
अरे भाई निकलके आ...
केम ऊंचे छै भाई घनश्यामजी, होकेर ऊंघे है भाई घनश्याम जी,
हो...हो...दुनिया बदल गई प्यारे
अंधे कुएं में छिपके क्यूं बैठा हुआ है मन मारे
अरे भाई निकल के...
तुला बीथी ही कतली बांटते रे, तुला बीथी ही कतली बांटते
हो...हो... पानी को तेल को छोड़ा, बिजली की रेल को छोड़ा
कल चांद और तारों में, पहुंचेगा एटमी घोड़ा
अरे भाई, अरे भाई, अरे भाई, निकल के आ घर से
अरे भाई निकल के...
केनो भावन ओकारों ने बंसी बाबू रे,
केनो भावन ओकारो ने बंसी बाबू
हो...हो...कल जो था कल रहा होगा
आगे की सोच क्या होगा
टूटी, पुरानी ढपली पे तू कल का मर्सिया मत गा
अरे भाई, निकल के आ घर से, आ घर से
दुनिया की रौनक देख फिर से, देख ले फिर से
अरे भाई निकलके आ घर से आ घर से
अरे भाई निकलके...

# खेल खेल में

**गीत** : गुलशन बावरा **संगीत** : आर.डी. बर्मन
**सहगायिका** : आशा

**आशा–** अरे देख रहे हैं
**किशोर–** देखने दो
**आशा–** जल भी रहे हैं
**किशोर–** तो जलने दो
**आशा–** खुली सड़क है बाबा
**किशोर–** तो क्या हुआ भई
**आशा–** हां
**किशोर–** तो हो जाए
खुल्लम खुल्ला प्यार करेंगे हम दोनों
इस दुनिया से नहीं डरेंगे हम दोनों
हां प्यार हम करते हैं चोरी नहीं
**आशा–** मिल गए दिल जोरा जोरी नहीं
हम वो करेंगे दिल जो कहे
हमको जमाने से क्या
**दोनों–** खुल्लम खुल्ला....
**किशोर–** हां देख वो इश्क छुप-छुप के फरमा रहे हैं
**आशा–** है क्या मजा दिल ही दिल में घबरा रहे हैं
**किशोर–** लगता है दोनों पड़ोसी हैं वो
**आशा–** रिश्ता ही ऐसा है जाने भी दो
हम वो करेंगे दिल जो कहे
हमको जमाने से क्या
**दोनों–** खुल्लम खुल्ला...
**आशा–** ऐ सुन जरा ये जोड़ी है कैसी निराली
है बात क्या पीछे लाला चले आगे लाली
**किशोर–** दोनों में इनमें बनती न हो
**आशा–** अपनी तरह शायद छनती न हो
हम वो करेंगे दिल जो कहे
हमको जमाने से क्या
**दोनों–** खुल्लम खुल्ला...
**आशा–** है

**किशोर–** बोलो ना
**आशा–** प्यार का है ये दुश्मन जमाना
**किशोर–** अरे सुन
**आशा–** हां बता
**किशोर–** सबको मिलता नहीं है खजाना
**आशा–** जिसको अजी ये खजाना मिले
देख देख उनको ये दुनिया जले
हम वो करेंगे दिल जो कहे
**किशोर–** हमको जमाने से क्या
**दोनों–** खुल्लम खुल्ला...

## अलग-अलग

**गीत :** आनन्द बक्शी **संगीत :** आर.डी. बर्मन

ओ मुझे तेरी चाहत के गम की कसम
जमाने की हर इक कसम की कसम
मैं तेरे लिए हूं, तू मेरे लिए
सितमगर–तेरे हर सितम की कसम
दिल में आग लगाए, सावन का महीना
नहीं जीना, नहीं जीना, तेरे बिन नहीं जीना
तूने मुझे जो जख्म दिए, उन जख्मों को नहीं सीना
नहीं जीना, नहीं जीना, तेरे बिन...
इस दिल से अरमान ये निकले
एक ही घूंट में जान ये निकले
जहर जुदाई वाला घूंट घूंट नहीं पीना
नहीं जीना, नहीं जीना, तेरे बिन...
तूने मुझे जो जख्म दिए, उन जख्मों को नहीं सीना
नहीं जीना, नहीं जीना, तेरे बिन...
ओ ये तेरी यादों का मौसम, प्यार भरे वादों का मौसम
इस मौसम के बिछड़े, शायद मिलें कभी ना
नहीं जीना, नहीं जीना, तेरे बिन...
ओ इश्क इबादत इश्क है पूजा
इश्क खुदा का नाम है दूजा
ये दिल मथुरा काशी, काबा और मदीना
नहीं जीना, नहीं जीना, तेरे बिन...

दिल में आग लगाए, सावन का महीना
नहीं जीना, नहीं जीना, तेरे बिन...
तूने मुझे जो जख्म दिए, उन जख्मों को नहीं सीना
नहीं जीना, नहीं जीना, तेरे बिन...

## कस्में-रस्में

**गीत** : इन्दीवर **संगीत** : बप्पी लहरी

जिन्दगी का ये एहसान है
प्यार हम पर मेहरबान है
जिन्दगी का...
मिल गया तेरा हाथ
दिल से जीने का अरमान है
प्यार हम पर मेहरबान है
जिन्दगी का...
आ गया कोई जीवन में चाहत लिए
कोई चाहे हमें और क्या चाहिए
उनका जीना सफल
उनका मरना सफल
यार ही दिल का ईमान है
प्यार हम पर मेहरबान है
जिन्दगी का...
आज लब पे जो मुस्कान है
कल के अश्कों से अनजान है
यह न भूलो तुम, हर खुशी में है गम
हर किनारे पे तूफान है
कल के अश्कों से अनजान है
किसका रहता है कोई होके यहां
आदमी खुद को देता है धोखे यहां
लब पे करके जफा, ढूंढ़ता है जफा
कितना नादां ये इन्सान है
कल के अश्कों से अनजान
जिन्दगी का...
प्यार हो गर दिखावा...दिखावा सही

खूबसूरत तो है ये...छलावा सही
आज जो भी हो, इसे स्वीकार लो
कल पे क्यूं आज हैरान है
प्यार तुम पर मेहरबान है
जिन्दगी का...

## कठपुतली

**गीत** : मजरूह **संगीत** : लक्ष्मीकांत प्यारेलाल

जो तुम हंसोगे तो दुनिया हंसेगी
रोओगे तुम तो ना रोएगी दुनिया, ना रोएगी दुनिया
तेरे आंसुओं को समझ ना सकेगी,
तेरे आंसुओं पे हंसेगी ये दुनिया
सूरज की किरणों ने जग में किया सवेरा
दीपक जो हंसने लगा तो हो गया दूर अन्धेरा
जगमगाते रहो गुनगुनाते रहो, जिन्दगी में सदा मुस्कराते रहो
कली हंसी तो फूल खिला फूल से हंसे नजारे
लेके हंसी नजारों को हंस दिए चांद सितारे
तुम सितारों की तरह तुम नजारों की तरह
जिन्दगी में सदा मुस्कुराते रहो, जो तुम...

## पराया धन

**गीत** : आनन्द बक्शी **संगीत** : लक्ष्मीकांत प्यारेलाल
**सहगायिका** : आशा

**किशोर**– आओ झूमे गाएं
मिलके धूम मचाएं
चुन लें गम के कांटे
खुशियों के फूल खिलाएं
**आशा**– ला-ला-ला-ला
ये मिट्टी चमके ऐसे
चमके रे सोना जैसे
**आशा**– हो सुन्दर अपना गांव रे
ठंडी-ठंडी छांव रे
गाएं मस्त हवाएं

आओ झूमें गाएं...
हरियाली तुम ले लाए
मन में बाग लगाए

**किशोर–** ओ कितने दिन हम तरसे
रिमझिम सावन बरसे
छाई काली घटाएं
आओ झूमे गाएं...

## ज्वैल थीफ

**गीत:** मजरूह सुल्तानपुरी **संगीत :** आर.डी. बर्मन
**सहगायिका :** आशा भोंसले

**किशोर–** आसमां के नीचे, हम आज अपने पीछे
प्यार का जहां बसा के चले, कदम के निशां
बना के चले

**आशा–** आसमां के नीचे, हम आज अपने पीछे
प्यार का जहां बसा के चले, कदम के निशां
बना के चले

**किशोर–** तुम चलो तो फूल जैसे आंचल के रंग में सज
गई राहें
पास आओ मैं पहना दूं चाहत का हार ये
खुली-खुली बांहें

**आशा–** जिसका आंचल खुद हो चमन
कहिए वो क्यों हार बांहों के डाले,
आसमां के नीचे...
बोलती हैं आज आंखें कुछ भी न आज तुम
कहने दो हमको, कहने दो हमको...
बेखुदी बढ़ती चली है आज तो खामोश ही
रहने दो हमको, रहने दो हमको

**किशोर–** एक बार एक बार मेरे लिए, कह दो खनके
लाल होंठों के प्याले,
आसमां के नीचे हम आज अपने...
साथ मेरे चलके देखो आई है धूम से
अब की बहारें, अब की बहारें

हर गली हर मोड़ पे दोनों के नाम से
हमको पुकारें हमको पुकारें

**आशा–** कह दो बहारों से आए इधर
उन तक उठकर हम नहीं जाने वाले
आसमां के नीचे हम...

## हम सब उस्ताद हैं

**गीत** : असद भोपाली **संगीत** : लक्ष्मीकांत प्यारेलाल

अजनबी, तुम जाने पहचाने से लगते हो
यह बड़ी अजीब सी बात है, कि नई नई मुलाकात है
फिर भी जाने क्यों
अजनबी, तुम जाने पहचाने से लगते हो
लगता है यूं ख्वाब है जैसे कोई देखा हुआ
कहता है दिल आज मिला है कोई खोया हुआ
न ख्याल तुम्हें, न ख्याल हमें
फिर भी जाने क्यों
अजनबी, तुम जाने पहचाने से लगते हो
अजनबी....
किसको खबर पहले मिले थे हम दोनों कहां
कब से मगर ढूंढ़ रहा था तुम्हें मेरा जहां
न तो याद तुम्हें, न तो याद हमें
फिर भी जाने क्यों
अजनबी, तुम जाने पहचाने से लगते हो
अजनबी....
कितने जनम बीत गए हैं तुम्हें पाने में
हमने तुम्हें प्यार किया है अनजाने में
न कभी मिले, न करीब हुए
फिर भी जाने क्यों
अजनबी, तुम जाने पहचाने से लगते हो
यह बड़ी अजीब सी बात है, कि नई-नई मुलाकात है
फिर भी जाने क्यों
अजनबी, तुम जाने पहचाने से लगते हो

## अनुरोध

**गीत** : आनन्द बक्शी **संगीत** : लक्ष्मीकांत प्यारेलाल

आपके अनुरोध पे मैं ये गीत सुनाता हूं
अपने दिल की बातों से आपका दिल बहलाता हूं
मत पूछो औरों के दुःख में प्रेम कवि क्यों रोता है
बस चोट किसी को लगती है और दर्द किसी को होता है
दूर कहीं दर्पण टूटे तड़प के मैं रह जाता हूं
तारीफ मैं जिसकी करता हूं क्या रूप है क्या खुशबू है
कुछ बात नहीं ऐसी कोई ये सबके मन में हूक उठती है
कोयल की कूक से सबके मन में हूक उठती है
मैं पहने फिरता हूं जो वह जंजीर कैसे बनती है
ये भेद बता दूं गीतों में तस्वीर कैसे बनती है
सुर्ख होठों की लाली से रंग रूप चुराता हूं

## अमर प्रेम

**गीत** : आनन्द बक्शी **संगीत** : आर.डी. बर्मन

ये क्या हुआ कैसे हुआ
कब हुआ क्यों हुआ
जब हुआ तब हुआ
अरे छोड़ो ये न सोचो
ये क्या....
हम क्यों शिकवा करें झूठा
क्या हुआ जो दिल टूटा
शीशे का खिलौना था
कुछ न कुछ तो होना था, हुआ
ये क्या...
ऐ दिल 'चल पीकर' झूमें
इन्हीं गलियों में घूमें
यहां मुझे खोना था
बदनाम होना था, हुआ
ये क्या....

## यादों की बारात

**गीत:** मजरूह सुल्तानपुरी **संगीत** : आर.डी. बर्मन

आपके कमरे में कोई रहता है
हम नहीं कहते जमाना कहता है
हम आज उधर से गुजरे तो बड़े इत्मीनान से
गिरा रहा था कोई परदा हाय सरे शाम से
उधर आपकी फोटो से सजी दीवार पे
पड़ा हुआ था एक साया बड़े आराम से
आपके कमरे में...
मगर जो एक दिन मैं गुजरी गली से सरकार की
तभी से चलती दिल पे हाय तलवार सी
दबी-दबी हल्की-हल्की हंसी की अदाओं में
मचल रही किसी चूड़ी की हाय झंकार सी
वो न समझा कोई गाफिल रहता है...
आपके कमरे में कोई...
अगर मैं कहूं जो देखा नहीं था वो कोई ख्वाब
पड़ा था टेबिल पे चश्मा वह किसका जनाब
गोरे गले में वह मफलर किस हसीन का
जहां हाथ दिल पे रख दीजिए जनाब
आपके कमरे में कोई...

## आसमान

**गीत** : आनन्द बक्शी **संगीत** : अनु मलिक

बन के नजर दिल की जुबान
कहने लगी इक दास्तान बन के नजर...दास्तान
जाने कैसा है ये अफसाना
जाने कैसे आया ये जमाना
अरे तू भी तो अन्जान है मैं भी तो अन्जान हूं
तू भी कुछ हैरान है मैं भी तो हैरान हूं
न जानें क्या बातें हुईं तेरे मेरे दरम्यान
बन के नजर दिल की जुबां कहने लगी इक दास्तां
ऐसा लगता है ये सितारे जैसे करते हैं कुछ इशारे
अरे न आंखों में नींद है न दिल में करार है

क्या हो जाए क्या पता कोई एतबार है
इक ये उमर दूजे ये रात उस पे सितम ये तमाम
बन के नजर दिल की जुबां कहने लगी इक दास्तां
हे हे इक दास्तां...

## लावारिस

**गीत** : अनजान **संगीत** : कल्याणजी आनन्दजी

इक दिन किसी फकीर ने इक बात कही थी
अब जाके दिल ने माना, वो बात सही थी
जिसका कोई नहीं उसका तो खुदा है यारों
मैं नहीं कहता किताबों में लिखा है यारों
जिसका कोई नहीं, उसका तो खुदा है यारों
हम तो क्या हैं वो फरिश्तों को आजमाता है
बनाकर हमको मिटाता है फिर बनाता है
आदमी टूटकर सौ बार जुड़ा है यारों
जिसका कोई नहीं, उसका तो खुदा है यारों
इम्तहानों का दौर उम्मीद पे इन्सान जिया है यारों
जिसका कोई नहीं...
कब तलक हमसे तकदीर भला रूठेगी
इन अंधेरों से उजालों की किरण फूटेगी
गम के दामन में कहां चैन छुपा है यारों
जिसका कोई नहीं...
मैं नहीं कहता किताबों में लिखा है यारों
जिसका कोई नहीं....

## हाथी मेरे साथी

**गीत** : आनन्द बक्शी **संगीत** : लक्ष्मीकांत प्यारेलाल

मेहरबानो कदरदानो दोस्तो यारो अरे खेल देखो
वन टू थ्री अप दुनिया में रहना है तो काम करो प्यारे
हाथ जोड़ सबको सलाम करो प्यारे
वर्ना यह दुनिया जीने नहीं देगी
खाने नहीं देगी पीने नहीं देगी
खेल कोई नया सुबह शाम करो प्यारे...

पैसे बिना दुनिया में रोटी नहीं मिलती
रोटी नहीं मिलती लंगोटी नहीं मिलती
नाम अपना न बदनाम करो प्यारे
एक दिन तेरे मेरे ख्वाब होंगे पूरे
ऐसी कोई बात कर चल ओ जमूरे
रह जाएं सब दिल थामकर प्यारे–हाथ–दुनिया
चल ऊपर वाले को याद कर
तांगे में लगी जैसे घोड़ी चली जाए
रस्सी पर गोरी ऐसे दौड़ी चली जाए
चल चल चलें राम–राम करो प्यारे–दुनिया

## मजबूर

**गीत** : आनन्द बक्शी **संगीत** : लक्ष्मीकांत प्यारेलाल

देखा फूलों को कांटों पे सोते हुए
देखा तूफां को कश्ती डुबोते हुए
देख सकता हूं मैं कुछ भी होते हुए
नहीं मैं नहीं देख सकता तुझको रोते हुए...
एक दिन बिगड़ी किस्मत संवर जाएगी
यह खुशी हमसे बचकर किधर जाएगी
गम न कर जिन्दगी यों गुजर जाएगी
रात जैसे गुजर गई सोते हुए
नहीं मैं नहीं देख सकता तुझको रोते हुए...
तू भी सुन ले जो मैंने सुना एक दिन
एक मालन ने मुझसे कहा एक दिन
खेल कांटों से कलियां पिरोते हुए
नहीं मैं नहीं देख सकता तुझको रोते हुए...
आंख भर आई फिर क्यों किसी बात पर
कर भरोसा बहन भाई की बात पर
हाथ रख दे यकीं से मेरे हाथ पर
मुस्करा दे जरा यूं ही रोते हुए
नहीं मैं नहीं देख सकता तुझको रोते हुए...

## मशाल

**गीत** : आनन्द बक्शी **संगीत** : हृदयनाथ मंगेशकर

लिए सपने निगाहों मैं चला हूं तेरी राहों में
जिन्दगी आ रहा हूं मैं
कई यादों के चेहरे कई किस्से पुराने हैं
तेरी सौ दास्ताने हैं तेरे कितने फंसाने हैं
मगर वो इक कहानी है जो अब मुझको सुनानी है
जिन्दगी आ रहा हूं मैं
कभी तुझे गिला मुझसे कभी मुझको शिकायत है
मगर फिर भी तुझे मेरी मुझे तेरी जरूरत है
मैं ये इकरार करता हूं मैं तुझसे प्यार करता हूं
जिन्दगी आ रहा हूं मैं...ला ला ला ला

## आशा

**गीत** : राजेन्द्र कृष्ण **संगीत** : आर.डी. बर्मन

ईना मीना डीका डे डाई डामा नीका
माका नाका माका नाका चीका पीका रोला पीका
रम पम पोश, रम पम पोश
इस दुनिया में दिल ना लगाना
दिल देके पड़ेगा पछताना
ये रूप के पुजारी ये दिल लेने वाले
पहले-पहले होते हैं बड़े भोले-भाले
कलेजे को थाम पुकारेंगे नाम
तू ही है, तू ही है, तू ही तो है वो, ईना मीना...
मत भूलो प्यार इसका नाम, उगलेगा जहर भरी-आग
ये दिल को जलाए ये शोलों पे सुलाए
जो फूलों से उठाए तो कांटों में सुलाए
कलेजे को थाम पुकारेगा नाम
तू ही है, तू ही है, तू ही तो है वो, ईना मीना...
दिल बेचूं है कोई लेने वाला
ऐसे-वैसे को नहीं देने वाला
सुरतिया हसीं हो उमरिया जवां हो
कोई भी उसे देखे बस ये ही गुमां हो

यही है, यही है, यही तो है वो, ईना मीना...
मत सोचो कि सस्ता है सौदा
फल पाएगा लगाएगा जो पौधा
दिल की ये क्यारी बनेगी फुलवारी
ये दुनिया जलेगी जलन की है मारी
हंसेगी-हंसेगी-हंसेगी मेरी प्यारी, ईना मीना...
ये शर्तें तो बड़ी हैं जरूरी
जो कोई करेगा इन्हें पूरी
मैं खुशी-खुशी उन्हें ये दिल दे दूंगा
कसम खा रहा हूं कि दाम भी ना लूंगा
अगर ये कहूंगा क्या?
यही है, यही है, यही तो है वो, ईना मीना...

## अपना देश

**गीत** : आनन्द बक्शी **संगीत** : आर.डी. बर्मन
**सहागायिका** : लता

कजरा लगा के, गजरा सजा के
बिजुरी गिरा के जइयो ना
नैन मिला के चैन चुरा के
निंदिया उड़ाके जइयो ना
कजरा लगा के...
मुखड़ा न देखो दर्पण में
झांको जरा मेरे मन में
ऐसे जिया पे छाई हो
जैसे घटाएं सावन में
रात और दिन तुमरे बिन
मन में और कौन है
अब जिद छोड़ो ना आगे-आगे दौड़ो
दिल ना मेरा तोड़ो
घुंघटा गिरा के मुखड़ा छुपा के
बिजुरी गिरा के जइयो ना
कजरा लगा के...
छोड़ो मेरी कलाई को
सुन लो मेरी दुहाई को

क्यूं छेड़ते हो रस्ते में
लड़की किसी पराई को
मेरा नाम हो बदनाम
ये जो कोई देख ले
चलो हटो जाओ जिया न धड़काओ
देखो बाज आओ
कजरा लगा के...

## कसमें वादे

**गीत** : गुलशन बावरा **संगीत** : आर.डी. बर्मन

कसमें वादे निभाएंगे हम, मिलते रहेंगे जनम-जनम
ओ देखा मैंने तुझको तो मुझे ऐसा लगा
बरसों का सोया हुआ प्यार मेरा जगा
तू है दीया मैं हूं बाती आजा मेरे जीवन साथी
कसमें वादे...
चेहरे से हम अनजाने हम दिल तो दिल को पहचाने
कभी प्यार नहीं मरता पागल प्रेमी ही जाने
आ जाती है लब पे खुद ही भूली बिसरी बात
कसमें वादे....
जिस दिल में प्यार बसा है
वो दिल भगवान की मूरत
ये सूरत कभी ना बदले
बदले इन्सान की सूरत
दिल के बंधन इतने सच्चे जितने ये दिन-रात
कसमे वादे...
तेरी आंखों की मस्ती में
नया जीवन मैंने पाया
तेरे प्यार का रंग लगाते
अंग-अंग मेरा मुस्काया
इन बांहों में आकर ले ले
प्यार की तू सौगात
कसमे वादे...

## आपकी कसम

**गीत** : आनन्द बक्शी **संगीत** : राहुल देव बर्मन
**सहगायिका** : लता

करवटें बदलते रहे सारी रात हम
आपकी कसम आपकी कसम
गम ना करो दिन जुदाई के बहुत हैं कम
आपकी कसम...
याद तुम आते रहे इक हूक सी उठती रही
नींद मुझे, नींद से मैं भागती छुपती रही
रात भर बैरन निगोड़ी चांदनी चुभती रही
आग सी जलती रही गिरती रही शबनम
आपकी कसम...
झील सी आंखों में आशिक डूब के खो जाएगा
जुल्फ के साए में दिल अरमां भरा सो जाएगा
तुम चले जाओ नहीं तो कुछ ना कुछ हो जाएगा
डगमगा जाएंगे ऐसे हाल में कदम
आपकी कसम...
रूठ जाएं हम तो तुम हमको मना लेना सनम
दूर हों तो पास हमको तुम बुला लेना सनम
कुछ गिला हो तो गले हमको लगा लेना सनम
टूट ना जाए कहीं ये प्यार की कसम
आपकी कसम...

## इन्कलाब

**गीत** : आनन्द बक्शी **संगीत** : लक्ष्मीकांत प्यारेलाल

अभिमन्यु ऽऽऽ चक्रव्यूह में फंस गया है तू
संभल सके तो संभल, निकल सके तो निकल
दुश्मनों के जाल से दोस्तों की चाल से
अभिमन्यु चक्रव्यूह में फंस गया अभिमन्यु...
हा हा ऽऽऽऽ ये खुदगर्ज दरिन्दे हैं इनको कुछ एहसास नहीं
अश्कों से बुझने वाली इनके दिल की प्यास नहीं
ये पीयेंगे तेरा लहू...अभिमन्यु
चक्रव्यूह में फंस गया तू...

भूलभुलैयों के जैसी तेरी गिर्द लकीरें हैं
होठों पे हैं पहरे तो, पैरों में जंजीरें हैं
मुश्किलें खड़ी हैं चार सू....अभिमन्यु...
चक्रव्यूह में फंस गया है तू
ओ भोले-भाले पक्षी कैद से कैसे छूटेगा
सर टकरा ले कुछ कर ले, ये पिंजरा न टूटेगा
लड़ने की न कर आरजू
अभिमन्यु चक्रव्यूह में फंस गया है तू
संभल सके तो संभल, निकल सके तो निकल
अभिमन्यु, अभिमन्यु... अभिमन्यु...

## अमर प्रेम

**गीत** : आनन्द बक्शी **संगीत** : राहुल देव बर्मन

कुछ तो लोग कहेंगे
लोगों का काम है कहना
छोड़ो बेकार की बातों में
कहीं बीत न जाए रैना
कुछ तो लोग कहेंगे...
कुछ रीत जगत की ऐसी है
हर एक सुबह की शाम हुई
तू कौन है तेरा नाम है क्या
सीता भी यहां बदनाम हुई
फिर क्यूं संसार की बातों से
भीग गए तेरे नैना
कुछ तो लोग कहेंगे
लोगों का काम है...
हमको जो ताने देते हैं
खुद खोए हैं इन रंगरलियों में
हमने उनको भी छुप-छुपके
आते देखा इन गलियों में
ये सच है झूठी बात नहीं
तुम बोलो ये सच है ना
कुछ तो लोग कहेंगे
छोड़ो बेकार की बातों में
कहीं बीत न जाए रैना

# हेराफेरी

**गीत** : इन्दीवर **संगीत** : कल्याणजी आनन्दजी

बरसों पुराना ये याराना
इक पल में क्यूं टूटा
यार मेरे तू ऐसे रूठा
जैसे मेरा रब रूठा
बरसों पुराना....
तेरा जहां भी गिरा पसीना
मैंने खून बहाया
तेरा लहू बना क्यूं पानी
ये कैसा दिन आया
बन के पुजारी, प्यार में तूने
यार का मन्दिर लूटा
बरसों पुराना....
लहरों पर ज्यों मिटें लकीरें
टूटीं कसमें सारी
रेत की एक दीवार थी
मेरे यार की झूठी यारी
ये सितम क्या हुआ
क्या लगी बद्दुआ
जिस्म से जैसे जान जुदा हो
साथ तेरा यूं छूटा
बरसों पुराना....

# जोशीला

**गीत** : साहिर **संगीत** : आर.डी. बर्मन

किसका रस्ता देखे, ऐ दिल, ऐ सौदाई
मीलों है खामोशी, बरसों है तन्हाई
कोई भी साया नहीं राहों में
कोई भी आएगा नहीं बांहों में
झूठा भी नाता नहीं चाहों में
तू ही क्यों डूबा रहे आहों में
कोई नहीं जो यूं ही, जहां में बांटे प्रीत पराई

किसका रस्ता देखे, ऐ दिल ऐ सौदाई
मुझे क्या बीती हुई रातों से
सेज नहीं चिता सही
जो भी मिले सोना होगा
गई जो डोरी, छूट हाथों से
लेना क्या टूटे हुए साथों से
खुशी जहां मांगी तूने
वहीं तुझे रोना होगा
न कोई तेरा, न कोई मेरा, फिर किसकी याद आई
किसका रस्ता देखे, ऐ दिल, ऐ सौदाई

## दाग

**गीत** : साहिर **संगीत** : लक्ष्मीकांत प्यारेलाल

आप न जाने मुझको समझते हैं क्या
मैं तो कुछ भी नहीं
इस कदर प्यार, इतनी बड़ी भीड़ कर
मैं रखूंगा कहां?
इस कदर प्यार रखने के काबिल नहीं
मेरा दिल, मेरी जां।
मुझको इतनी मुहब्बत न दो दोस्तों
सोच लो दोस्तों!
इस कदर प्यार कैसे संभालूंगा मैं
मैं तो कुछ भी नहीं!
इज्जतें, शोहरतें, चाहतें, उल्फतें
कोई भी चीज दुनिया में रहती नहीं।
आज मैं हूं जहां, कल कोई और था
यह भी इक दौर है वह भी इक दौर था।
आज इतनी मुहब्बत न दो दोस्तों!
कि मेरे कल की खातिर न कुछ भी बचे।
आज का प्यार थोड़ा बचा कर रखो
मेरे कल के लिए।
कल जो गुमनाम है कल जो सुनसान है
कल जो अनजान है कल जो वीरान है।
मैं तो कुछ भी नहीं!
मैं तो कुछ भी नहीं!!

## इम्तहान

**गीत** : मजरूह **संगीत** : लक्ष्मीकांत प्यारेलाल

रुक जाना नहीं तू कहीं हार के
कांटों पे चलके मिलेंगे साए बहार के
ओ राही ओ राही...
साथी न कारवां है ये तेरा इम्तिहां है
यूं ही चला चल दिल के सहारे
करती है मंजिल तुझको इशारे
देख कहीं कोई रोक न ले यूं तुझको पुकार के
ओ राही ओ राही...
रुक जाना नहीं...
नैना आंसू जो लिए हैं ये राही के दिए हैं
लोगों को उनका सब कुछ दे के
तू ही चला था अपने ही ले के
कोई नहीं तो तेरे अपने हैं सपने हैं प्यार के
ओ राही ओ राही...
रुक जाना नहीं...
सूरज देख रुक गया है तेरे आगे झुक गया है
जब कभी कोई ऐसे मस्ताने
निकले हैं अपने धुन दर्शाने
शाम सुहानी बन जाती है दिन इन्तजार के
ओ राही ओ राही...
रुक जाना नहीं...

## झुमरू

**गीत** : मजरूह **संगीत** : किशोर कुमार

ठण्डी हवा ये चांदनी सुहानी
ऐ मेरे दिल सुना कोई कहानी
लम्बी सी एक डगर है जिन्दगानी
ऐ मेरे दिल सुना कोई कहानी
ठण्डी हवा ये चांदनी सुहानी...
सारे हसीन नजारे सपनों में खो गए
सर रख के आसमां पे पर्वत भी सो गए

मेरे दिल तू सुना कोई ऐसी दास्तां
जिनको सुनकर मिले चैन मुझे मेरी जां
मंजिल है अन्जानी
ऐ मेरे दिल सुना कोई कहानी
ठण्डी हवा ये चांदनी...
ऐसे में मैं चल रहा हूं पेड़ों की छांव में
जैसे कोई सितारा बादल के गांव में
मेरे दिल तू सुना कोई ऐसी दास्तां
जिसको सुनकर मिले चैन मेरी जां
मंजिल है अन्जानी
ऐ मेरे दिल सुना कोई कहानी

## जस्टिस चौधरी

**गीत** : इन्दीवर **संगीत** : बप्पी लहरी

इन्साफ की कुर्सी पे पहले तुम खुद को बिठाओ
मैंने गलत क्या किया है मुझे फिर बताओ
आंसू बहाके मुझे तुम न दोषी बनाओ
ये मेरा नहीं इन्साफ का फैसला है
इन्साफ का फैसला भगवान का फैसला है
होती नहीं न्याय की ये आंखें सहनी पड़ती हैं हमें ये बातें
धर्म के कठिन ये रास्ते हैं एक जैसे सबके वास्ते हैं
भूल जाता हूं खुद की भी सूरत बनाता हूं मैं जब न्याय की मूरत
उस समय मेरा कोई कुछ नहीं मैं मैं नहीं, तुम भी तुम नहीं
मेरे लिए तो इन्साफ ही भगवान
इन्साफ का फैसला भगवान का फैसला
पत्नी और पुत्र को हरिश्चन्द्र ने छोड़ा
गर्भवती सीता को राम ने वन में छोड़ा
कर्ण ने अपनी मां से भी नाता नहीं जोड़ा
अपने खून को खुद मैंने भी दी है सजा
ज्वालामुखी जैसा दिल जला मेरा
ये सब क्यूं हुआ कैसे कानून को निभाने के लिए
इन्साफ की सुरक्षा के लिए सच्चाई को बचाने के लिए
इन्साफ की कुर्सी पे पहले तुम खुद को बिठाओ
मैंने गलत न्याय किया मुझे ये बताओ
इन्साफ का फैसला भगवान का फैसला

## मिली

**गीत** : योगेश **संगीत** : आर.डी. बर्मन

आए तुम याद मुझे गाने लगी हर धड़कन
खुशबू लाई पवन महका चन्दन
आए तुम याद मुझे गाने लगी हर धड़कन
जिस पल नैनों में सपना तेरा आए
उस पल मौसम पर मेहंदी रच जाए
और तू बन जाए जैसे दुल्हन
आए तुम याद मुझे गाने लगी हर धड़कन
जब मैं रातों में तारे गिनता हूं
और तेरे कदमों की आहट सुनता हूं
लगे मुझे हर तारा तेरा रोशन
आए तुम याद मुझे गाने लगी हर धड़कन
हर पल मन मेरा मुझसे कहता है
जिसकी धुन में तू खोया रहता है
भर दे फूलों से उसका दामन
आए तुम याद मुझे गाने लगी हर धड़कन
खुशबू लाई पवन महका चन्दन आये तुम...

## मुनीम जी

**गीत** : साहिर **संगीत** : एस.डी. बर्मन

जीवन के सफर में राही
मिलते हैं बिछड़ जाने को
और दे जाते हैं यादें
तन्हाई में तड़पाने को
ये रूप की दौलत वाले
कब सुनते हैं दिल के नाले
तकदीर ने बस में कर डाला
इनके किसी दीवाने को
जीवन के सफर में राही...
जो उनकी नजर से खेले
दुख पाए, मुसीबत झेले
फिरते हैं ये सब अलबेले

दिल लेके मुकर जाने को
जीवन के सफर में राही...
दिल ले के दगा देते हैं
इक रोग लगा देते हैं
हंस-हंस के ये जां देते हैं
हुस्न के परवाने को
जीवन के सफर में राही...

## मैं आवारा हूं

**गीत** : आनन्द बक्शी **संगीत** : आर.डी. बर्मन

किसी की बेवफाई का, सबब बन जाया करती है
मुहब्बत ही जुदाई का, सबब बन जाया करती है
पुराने लोग चेहरे पर नया चेहरा लगा आए
मिले गैरों से हंस के
अपनों से मिलते हया-आए
हया भी बेवफाई का सबब बन जाया करती है
किसी की बेवफाई का....
बचाया है हमारी मुफलिसी ने हम फकीरों को
बहुत नजदीक से देखा है,
हमने कुछ अमीरों को
ये दौलत ही बुराई का
सबब बन जाया करती है...
बने न बात जब कोई, तो कोई कुछ कहे कैसे
जो कुछ कहना जरूरी हो
तो इन्सां चुप रहे कैसे
ये चुप दिल की दुहाई का
सबब बन जाया करती है
किसी की बेवफाई का...

## लाखों में एक

**गीत** : आनन्द बक्शी **संगीत** : आर.डी. बर्मन

चन्दा ओ चन्दा, चन्दा ओ चन्दा
किसने चुराई, तेरी-मेरी निंदिया
जागे सारी रैना, तेरे-मेरे नैना

चन्दा ओ चन्दा...
हंस के मैं तेरा मन बहलाऊं
अपने ये आंसू मगर किसे मैं दिखाऊं
मैंने तो गुजारा जीवन सारा बेसहारा
चन्दा ओ चन्दा...
तेरी और मेरी एक कहानी
हम दोनों की कदर किसी ने न जानी
साथी ये अन्धेरा, जैसे तेरा वैसे मेरा
चन्दा ओ चन्दा...

## मेरा जीवन

**गीत** : हसरत **संगीत** : कल्याणजी आनन्दजी

मेरा जीवन कुछ काम न आया
जैसे सूखे पेड़ की छाया
अपनों के होते हुए, तन में बसी तन्हाई
आंसू बनाके खुशी आंखों से मैंने बरसाई
खुशियों के रोते-रोते दुनिया में
अब तो मेरा जी घबराया, मेरा...
बरस गये रे सावन दरिया भी जोश में आए
फूल भी खिलने लगे कलियों के मन मुस्काए
सूनी रही एक डाली, उसपे तो
अब तक कोई फूल न आया
मेरा जीवन कुछ काम न आया
जीने को जी न चले, मांगू तो मौत न आए
सांसों के चलने को तो जीवन कहा नहीं जाए
दर्दबयां के दिल में मेरा नसीब मुझको कहां पे लाए...

## मनचली

**गीत** : आनंद बक्शी **संगीत** : लक्ष्मीकांत प्यारेलाल

मिले कहीं दो अजनबी
हो गई उनमें दोस्ती
फिर सुना दोस्तों हो गई दुश्मनी
कोई उनमें बेवफा होगा
कोई धोखा हो गया होगा

सुना है फसाने को पता क्या जमाने को
किसी ने की बेरूखी
मिले कहीं दो अजनबी
ये इशारा किसकी जानिब है
दिल हमारा जिसकी जानिब है
जो भी इसे जाना ना हमें पहचाना ना
बात क्या लोगों की
मिले कहीं दो अजनबी
किसलिए ये आग से डरता है
बचके शोलों से निकलता है
कहो दिल दीवाने को तेरे आशियाने को
फूंकेगी चांदनी
मिले कहीं दो अजनबी...

## मानवता

**गीत** : इन्दीवर **संगीत** : कल्याणजी आनंदजी

तेरे विशाल हृदय ने पाई सातों सागर की गहराई
सात रंग से सुन्दर तुझको रंग मिला
सारे सुख मिल जाएंगे मुझको, कहीं जो तेरा संग मिला
तेरे विशाल...
सातों गगन तेरी आंखों में, सात सुरों का रस बातों में
ताल में डूबी चाल को तेरी, जल तरंग का ढंग मिला
सारे सुख...
एक बड़ी तुझमें अच्छाई, प्यार में तेरे है सच्चाई
मदिरा तू गंगाजल भी तू, तुझको अनोखा अंग मिला
सारे सुख...

## मेरे जीवन साथी

**गीत** : मजरूह **संगीत** : आर.डी. बर्मन

ओ मेरे दिल के चैन
चैन आए मेरे दिल को, दुआ कीजिए
अपना ही साया देख के तुम, जाने जहां शरमा गए
अभी तो ये पहली मंजिल है तुम अभी से घबरा गए

मेरा क्या होगा, सोचो तो जरा
हाय, ऐसी न आहें भरा कीजिए
ओ मेरे दिल के चैन...
आपका अरमां, आपका नाम मेरा तराना और नहीं
इन झुकती पलकों के सिवा दिल का ठिकाना और नहीं
जंचता ही नहीं, आंखों में कोई
दिल तुमको ही चाहे तो क्या कीजिए
ओ मेरे दिल के चैन...
यूं तो अकेला भी अक्सर गिर के सम्हल सकता हूं मैं
तुम जो पकड़ लो हाथ मेरा दुनिया बदल सकता हूं मैं
मांगा है तुम्हें, दुनिया के लिए
अब खुद ही सनम फैसला कीजिए
ओ मेरे दिल के चैन...

## मुकद्दर का सिकन्दर

**गीत** : अनजान **संगीत** : कल्याणजी आनंदजी

ओ साथी रे तेरे बिना भी क्या जीना
फूलों में कलियों में सपनों की गलियों में
तेरे बिना कुछ कहीं ना
ओ साथी रे तेरे बिना भी क्या जीना
जाने कैसे अनजाने ही आन बसा कोई प्यासे मन में
अपना सब कुछ खो बैठे हम पागल मन के पागलपन में
दिल के अफसाने मैं जानूं तू जाने
और यह जाने कोई ना, ओ साथी रे तेरे बिना भी क्या जीना
हर धड़कन में प्यास है तेरी सांसों में तेरी खुशबू है
इस धरती से उस अम्बर तक मेरी नजर में तू ही तू है
प्यार ये टूटे ना तू मुझसे रूठे ना, साथ ये छूटे कभी न
ओ साथी रे तेरे बिना भी क्या जीना
तुझ बिन जोगन मेरी रातें तुझ बिन मेरे दिन बनजारे
मेरा जीवन जलती धुनी बुझे-बुझे मेरे सपने सारे
तेरे बिना मेरी मेरे बिना तेरी यह जिन्दगी जिन्दगी ना...

# मिस्टर एक्स इन बॉम्बे

**गीत** : आनंद बक्शी **संगीत** : लक्ष्मीकांत प्यारेलाल

मेरे महबूब कयामत होगी
आज रुसवा तेरी गलियों में मुहब्बत होगी
तेरी नजरें तो गिला करती हैं
तेरे दिल को भी सनम तुझसे शिकायत होगी
मेरे महबूब....
तेरी गली में आता सनम, नगमा वफा का गाता सनम
तुझसे सुना ना जाता सनम
फिर आज इधर, आया हूं सनम
यह कहने मैं दीवाना
खत्म बस आज ये दहशत होगी, आज...
मेरी तरह तू आहें भरे, तू भी किसी से प्यार करे
और रहे वो तुझसे परे
तूने ओ सनम ढाये हैं सितम
तो ये तू भूल न जाना
कि न तुझ पे भी इनायत होगी, आज...

# मजबूर

**गीत** : आनंद बक्शी **संगीत** : लक्ष्मीकांत प्यारेलाल

कभी सोचता हूं कि कुछ कहूं
कभी सोचता हूं कि मैं चुप रहूं
आदमी जो कहता है आदमी जो सुनता है
जिन्दगी भर वो सदाएं पीछा करती हैं
कोई भी हो हर ख्वाब सच्चा, नहीं होता
कभी दामन छुड़ाना हो तो मुश्किल होती है
आदमी जो कहता है आदमी जो सुनता है
जिन्दगी भर वो दुआएं पीछा करती हैं
कभी-कभी मन धूप के कारण भी तरसता है
कभी-कभी फिर झूम के सावन बरसता है
पलक झपके यहां मौसम बदल जाएं
प्यास कभी मिटती नहीं एक बूंद भी मिलती नहीं
और कभी रिमझिम घटाएं पीछा करती हैं
आदमी जो कहता है...

## नमक हराम

**गीत** : आनंद बक्शी **संगीत** : आर.डी. बर्मन

दीये जलते हैं, फूल खिलते हैं
बड़ी मुश्किल से मगर,
दुनिया में दोस्त मिलते हैं
दीये जलते हैं....
जब जिस वक्त किसी का, प्यार जुदा होता है
कुछ न पूछो यारों, दिल का हाल बुरा होता है
दिल पे यादों के जैसे तीर चलते हैं
दीये जलते हैं....
इस रंग-रूप पे देखो, हर्गिज नाज न करना
जान भी मांगे यार तो दे देना नाराज न करना
रंग उड़ जाते हैं रूप ढलते हैं
दीये जलते हैं....
दौलत और जवानी, इक दिन खो जाती है
सच कहता हूं सारी दुनिया दुश्मन हो जाती है
उम्र भर दोस्त लेकिन साथ चलते हैं
दीये जलते हैं....

## महबूबा

**गीत** : आनंद बक्शी **संगीत** : लक्ष्मीकांत प्यारेलाल

मेरे नैना सावन भादों फिर भी मेरा मन प्यासा
फिर भी मेरा मन प्यासा मेरे नैना...
ऐ दिल दीवाने खेल है क्या जाने
दर्द भरा ये गीत कहां से इन होंठों पे आए
दूर कहीं ले जाए भूल गया क्या
भूल के भी है मुझको याद जरा सा
फिर भी मेरा मन प्यासा, मेरे नैना...
बरसों बीत गए हमको मिले बिछड़े
बिजुरी बनके गगन पे चमकी बीते समय की रेखा
मैंने तुमको देखा मन संग आंख मिचौनी खेले
आशा और निराशा फिर भी मेरा मन प्यासा
मेरे नैना सावन भादों...

## मस्ताना

**गीत** : आनंद बक्शी **संगीत** : लक्ष्मीकांत प्यारेलाल

सोई जा तारा, आ सोई जा तारा
लेई के खिलौने, सपने सलौने
गलियन में आया इक बंजारा
सोई जा...
छुक-छुक दोनों चलें, यौवन का खेल तमाशा करें
शोर मचावें देखो, जरा-सा खेल तमाशा करें
तू भी अकेली, मैं भी अकेला, तू बेसहरा मैं बेसहारा
सोई जा...
हमको रोज गली ये आंगन कित्ते अकेले लागे
आज तू आई, गरीब के घर में, मेले लागे
का बोलूं लागे, हमको तो लागे
आज ये कुटिया ऊंचा चौबारा
सोई जा...
हमारी दुहाई बदल के रामा, ल-ल-ल लोरी बनी
डोर ये फांसी की, देखो भाई, झूले की डोरी बनी
तूने तो आय के,
हंस के हंसाय के
बदल दिया संसार सारा
सोई जा...

## महबूब की मेंहदी

**गीत** : आनंद बक्शी **संगीत** : लक्ष्मीकांत प्यारेलाल

मेरे दीवानेपन की भी दवा नहीं
मैंने जाने क्या सुन लिया
तूने तो कुछ कहा नहीं
मेरे दीवानेपन की...
मैं ये समझा मेरे दिल की
कोई हसरत निकल गई
तूने देखा मुझे ऐसे
कि तबियत मचल गई
वरना तेरे सिर की कसम

आदमी मैं बुरा नहीं
मेरे दीवानेपन की....
बेअदब हूं मैं दीवाना
किस कदर तू खफा हुई
छू लिया क्यूं बदन तेरा
तौबा कैसी खता हुई
सारी दुनिया में कोई
मेरे लायक सजा नहीं
मेरे दीवानेपन की...
चांदनी रात में जैसे
रुखे गुल पे किरण पड़ी
बेसबब रूठकर मेरे
माथे पर शिकन पड़ी
मेरे महबूब ये तेरी
बेरुखी है अदा नहीं
मेरे दीवानेपन की....

## ऊंचे लोग

**गीत** : अनजान **संगीत** : आर.डी. बर्मन

आज तू गैर सही, प्यार से बैर सही,
आज तू गैर....
तेरी आंखों में, कोई प्यार का पैगाम नहीं
तुझको अपना ना बनाया तो मेरा नाम नहीं
तुझको अपना....
आज तू गैर....
हो तूने ठुकराया था जिस दिल को
किसी की खातिर,
आज उस दिल में बगावत के सिवा
कुछ भी नहीं
जिनमें सपने थे तेरे प्यार के ऐ जाने वफा
आज उन आंखों में नफरत के सिवा
कुछ भी नहीं
प्यार की आग में, प्यार की....
संगदिल मैं जलाऊं, जितना तुझको

उतना ना जलाया तो मेरा नाम....
तुझको अपना ना....
सारी दुनिया में फकत
तुझसे मोहब्बत की है,
तू किसी और की हो जाए,
ये मुमकिन ही नहीं
नाम तेरा ही मेरे, नाम के साथ आएगा,
तू किसी और की कहलाए
ये मुमकिन ही नहीं
नाज है तुझको
नाज है तुझको बहुत
हुस्न पे अपने लेकिन
तेरे सिर को ना झुकाया तो मेरा नाम....
हो तेरे माथे पे मेरे प्यार का टीका होगा,
जुल्फ तेरी, मेरी शानों पे लहराएगी,
है यकीन मुझको के मगरूर जवानी तेरी
मोम बन के मेरी बांहों में सिमट आएगी
संगमरमर से हंसी,
संगमरमर....
तेरे बदन पे संगदिल,
लाल जोड़ा न सजाया
तो मेरा....
तुझको....

## मेरे अपने

**गीत** : गुलजार **संगीत** : एस.डी. बर्मन

कोई होता जिसको अपना हम अपना कह लेते यारों
पास नहीं तो दूर ही होता लेकिन कोई मेरा अपना
आंखों में नींद न होती आंसू ही तैरते रहते
ख्वाबों में जागते हम रात भर
कोई तो गम होता अपना कोई तो साथी होता
कोई होता जिसको अपना हम अपना कह लेते यारों
भूला हुआ कोई वादा, बीती हुई कुछ यादें
तनहाई दोहराती है रात भर

कोई दिलासा देता तो अपना होता
कोई होता जिसको अपना हम अपना कह लेते यारों
पास नहीं तो दूर ही होता...

## आंसू बन गये फूल

**गीत** : गोविन्द मूनिरा **संगीत** : लक्ष्मीकांत प्यारेलाल
**सहगायिका** : आशा भोंसले

आशा– जाने कैसा है मेरा दीवाना
कभी अपना सा लगे कभी बेगाना
किशोर– बड़ी भोली हो ये भी न जाना
कभी अपनो को नहीं कहते बेगाना
यूं भी जीता था मगर कोई अरमान न थे
जब तलक आप मेरे दिल के मेहमान न थे
तुमसे महका है मेरा वीराना
कभी अपना-सा लगे....
आशा – मैं वह आजाद घटा तुमने जिसे बांध लिया
अपनी आंखों में मुझे नया आकाश दिया
यही छोटा-सा मेरा अफसाना
कभी अपना सा....
कभी छेड़े है पवन कभी छेड़े है पिया
किशोर– यही तो होगा सनम तुमने जब प्यार किया
मेरे पास आओ छोड़ो शरमाना
कभी अपनो को....

## नया जमाना

**गीत** : आनंद बक्शी **संगीत** : एस.डी.बर्मन

दुनिया ओ दुनिया तेरा जवाब नहीं
तेरी जफाओं का बस कोई हिसाब नहीं
दुनिया ओ दुनिया...
तू छांव है या है धूप खबर किसको
क्या है तेरा असली रूप खबर किसको
आए नजर कैसे तू, आंसू हैं ख्वाब नहीं
दुनिया ओ दुनिया...

तेरी जुबां पे है जिक्र सितारों का,
तेरे लबों पे है नाम बहारों का
पर तेरे दामन में कांटें हैं गुलाब नहीं
दुनिया ओ दुनिया....
ये किन ख्वाबों में खो गए हैं आप
आप से तो मुझको कुछ शिकवा, जनाब नहीं
दुनिया ओ दुनिया....

## प्रेम नगर

**गीत** : आनन्द बक्शी **संगीत** : एस.डी. बर्मन

ये लाल रंग, कब मुझे छोड़ेगा
मेरा गम, कब तलक, मेरा दिल तोड़ेगा
दिल का भी लिया नाम, तो आई याद तू ही तू
यह रंग शराब का, बन गया है लहू
ये लाल रंग कब मुझे छोड़ेगा
मेरा गम, कब तलक, मेरा दिल तोड़ेगा
पीने की कसम डाल दी, मैं जिऊंगा किस तरह
ये लाल रंग कब मुझे छोड़ेगा
मेरा गम, कब तलक, मेरा दिल तोड़ेगा
चला जाऊं कहीं छोड़के, मैं तेरा ये शहर
न तो यहां अमृत मिले, पीने को न जहर
ये लाल रंग कब मुझे छोड़ेगा
मेरा गम, कब तलक, मेरा दिल तोड़ेगा...

## पवित्र पापी

**गीत** : प्रेम धवन **संगीत** : प्रेम धवन

तेरी दुनिया से होके मजबूर चला
मैं बहुत दूर बहुत दूर बहुत दूर चला
इस कदर दूर कि फिर लौट के भी आ न सकूं
ऐसी मंजिल पे जहां खुद को भी मैं पा न सकूं
और मजबूरी है क्या इतना भी बतला न सकूं
तेरी दुनिया से होके....
आंख भर आई मगर अश्कों को मैं पी लूंगा
आह निकली जो कभी होंठों को भी मैं सी लूंगा

तेरी दुनिया से होके....
खुश रहे तू जहां रहे ले जा दुआएं मेरी
तेरी राहों से जुदा हो गई राहें मेरी
कुछ नहीं साथ मेरे सब हैं खताएं मेरी
तेरी दुनिया से होके....

## शर्मीली

**गीत** : नीरज **संगीत** : एस.डी. बर्मन

कैसे कहें हम प्यार ने हमको, क्या-क्या खेल दिखाए
यूं शरमाई किस्मत हमसे, खुद से हम शरमाए
कैसे कहें हम....
बागों को तो पतझड़ लूटे लूटा हमें बहार ने
दुनिया मरती मौत से लेकिन मारा हमको प्यार ने
अपना वो हाल है बीच सफर में जैसे कोई लुट जाए
कैसे कहें हम....
तुम क्या जानो, क्या चाहा था, क्या लेकर आए हम
टूटे सपनें, घायल नगमें, कुछ शोले, कुछ शबनम
इतना कुछ है पाया हमने, कहें तो कहा न जाए
कैसे कहें हम....
ऐसी बजी शहनाई घर में, अब तक सो न सके हम
अपनो ने हमको इतना सताया, रोए तो रो न सके हम
अब तो करो कुछ ऐसा यारों, होश न हमको आए
कैसे कहें हम....

## परिचय

**गीत** : गुलजार **संगीत** : आर.डी. बर्मन

मुसाफिर हूं यारों, न घर है ना ठिकाना
मुझे चलते जाना है, बस चलते जाना
मुसाफिर हूं यारों....
एक राह रुक गई तो और जुड़ गई
मैं मुड़ा तो साथ साथ राह मुड़ गई
हवा के परों पर मेरा आशियाना
मुसाफिर हूं यारों....
दिल ने हाथ थाम के इधर बिठा लिया

रात ने इशारे से उधर बुला लिया
सुबह से, शाम से मेरा दोस्ताना
मुसाफिर हूं यारों...

## सुहागरात

**गीत** : इन्दीवर **संगीत** : कल्याणजी आनन्दजी

धरती की तरह हर दुख सह ले
सूरज की तरह तू जलती जा
सिंदूर की लाज बचाने को
चुपचाप तू आग में जलती जा
धरती की तरह....
देखी न खुशी तूने रे कोई
जीवन से प्यार भी रूठ गया
जिस घर को मन्दिर माना था
वो घर भी तुझसे छूट गया
धरती की तरह....
अपने युग की हर सीता को
शोलों पर बिठाया जाता है
दामन कितना भी पावन हो
पर दोष लगाया जाता है
धरती की तरह....
संसार तुझी से चलता है
तेरी कोख से मौत भी हारी है
भगवान की तरह महान है तू
कहने को तू अबला नारी है
धरती की तरह....

## पिया का घर

**गीत** : आनन्द बक्शी **संगीत** : लक्ष्मीकांत प्यारेलाल

ये जीवन है इस जीवन का यही है
यही है यही है रंग रूप
ये जीवन है....
थोड़े गम हैं थोड़ी खुशियां
यही है यही है यही है छांव धूप

ये जीवन है....
ये न सोचो इसमें अपनी हार है कि जीत है
उसे अपना लो जो भी जीवन का मीत है
ये जिद छोड़ो मुंह न मोड़ो
हर पल इक दरपन है
ये जीवन है....
धन से न दुनिया से घर से न द्वार से
आंसुओं की धूम मची है प्रीतम के प्यार से
दुनिया रूठे पर न छूटे ये कैसा बन्धन है
ये जीवन.....

## रंगोली

**गीत** : शैलेन्द्र **संगीत** : शंकर जयकिशन

छोटी-सी ये दुनिया, पहचाने रास्ते हैं
तुम कहीं तो मिलोगे, कभी तो मिलोगे, तो पूछेंगे हाल
छोटी सी ये दुनिया....
सीखा नहीं हमारे दिल ने प्यार में धीरज खोना
आग में जल के ही जो निखरे, है वही सच्चा सोना
छोटी सी ये दुनिया...
मेरा पहला प्यार, आखिरी है इस जीवन का
इक बार होता है जग में, रिश्ता मन से मन का
छोटी सी ये दुनिया...
हम तो यह समझेंगे हमने एक पत्थर को पूजा
कहीं भी तुमको अपने जैसा नहीं मिलेगा दूजा
छोटी सी ये दुनिया...

## सवेरे वाली गाड़ी

**गीत** : मजरूह **संगीत** : आर.डी. बर्मन

सांझ पड़े गाये दीवाना
लोगों कहीं सो न जाना
गली-गली चोर घूमे जागते रहना
सांझ पड़े....

तेरी मेहनत साथी फसल उगाए सोने की
मिला के माटी में रंगत खून पसीने की
फसल पके तो कोई आए
सारा कुछ लेके जाए
गली-गली चोर घूमे जागते रहना
सांझ पड़े....
लगे हर एक डाली यारा
खड़ी हो जैसे कोई बाला
पहन के मोती की माला
और ओढ़े दोशाला
पहन के मोती की माला
बोल रही घूंघट में गोरी
ये घूंघट हो चोरी
गली-गली चोर घूमे जागते रहना
सांझ पड़े....
अरे तू खलिहान जिनका
वो दे तुझे चार तिनका
तेरे लिए काल है
और मील है उनका
ये रीत और ये जमाना
बदल कब राम जाने
गली-गली चोर घूमे जागते रहना
सांझ पड़े....

## सौतन

**गीत :** सावन कुमार **संगीत :** ऊषा खन्ना

जिन्दगी प्यार का गीत है
इसे हर दिल को गाना पड़ेगा
जिन्दगी गम का सागर भी है
हंस के उस पार जाना पड़ेगा
जिन्दगी प्यार का....
जिन्दगी एक एहसास है
टूटे दिल की कोई आस है
जिन्दगी एक बनवास है

काटकर सबको जाना पड़ेगा
जिन्दगी प्यार का....
जिन्दगी बेवफा है तो क्या
अपने रूठे हैं हमसे तो क्या
हाथ में हाथ न हो तो क्या
साथ फिर भी निभाना पड़ेगा
जिन्दगी प्यार का....
जिन्दगी एक मुस्कान है
दर्द की कोई पहचान है
जिन्दगी एक मेहमान है
छोड़ संसार जाना पड़ेगा
जिन्दगी प्यार का गीत है
इसे हर दिल को गाना पड़ेगा

## फाइव राइफल्स

**गीत** : इन्दीवर **संगीत** : कल्याणजी आनन्दजी

किशोर –जब से सरकार ने नशाबन्दी तोड़ दी
मानो या न मानो हमने पीनी छोड़ दी
छुप-छुप के पीने का मजा और था
डर-डर के जीने का मजा कुछ और था
वो भी क्या दिन थे ब्लैक में मंगाते थे
मयखाने खुल गए, सारे मजे घुल गए
रोक भी तोड़ दी, बोतल भी फोड़ दी
अरे मानो या न मानो हमने, पीनी छोड़ दी
जब से सरकार ने....
लड़की– हैलो हैलो हेण्डसम, यू आर आलवेज वेलकम
किशोर– प्राइवेट क्लब में मिस रोजी पिलाती थी
सीटी भी बजाती थी और गाना भी सुनाती थी
लड़की– कम ऑन बॉयज, कम ऑन
किशोर– मुन्ने की माता अब एक पैगाम लाती है
सामने वो बैठ के दुखड़े सौ-सौ सुनाती है
जीना हराम हुआ, पीना हराम हुआ
चढ़ते नशे की टांग बीवी ने तोड़ दी
जब से सरकार ने......
मानो या न मानो हमने पीनी छोड़ी दी

## फाइव राइफल्स

**गीत** : इन्दीवर **संगीत** : कल्याणजी आनन्दजी

तेरा हुस्न अल्लाह-अल्लाह तेरा रूप राम-राम
एक मैं ही नहीं तेरे करोड़ों गुलाम!
तेरा हुस्न....
तू जो पलकें उठाए हिमालय झुके
तू इशारा करे गंगा-जमुना रुके
तेरी जुल्फें संवारे कश्मीर की हवा
धोये कन्या-कुमारी तेरे पांव सदा
तेरा हुस्न....
आज कितने दिलों पे तेरा राज है
ये तेरी सादगी ही तेरा ताज है
क्यों अजन्ता की मैं तुझको मूरत कहूं
खूबसूरत को क्या खूबसूरत कहूं
तू बनारस की सुबह अवध की है शाम
तेरा हुस्न....
तू मेरा इश्क है, मेरा ईमान है
मैं तेरी जान हूं तू मेरी जान है
तेरा दीवाना हूं ये दिखा दूंगा मैं
तेरी आवाज पे सर कटा दूंगा मैं
तेरी खातिर मैं पी लूंगा जहर का भी जाम!
तेरा हुस्न....

## सफर

**गीत** : इन्दीवर **संगीत** : कल्याणजी आनंदजी

जीवन से भरी तेरी आंखें, मजबूर करें जीने के लिए
सागर भी तरसते रहते हैं, तेरे रूप का रस पीने के लिए
जीवन से भरी तेरी आंखें....
तस्वीर बनाए क्या कोई, क्या कोई लिखे तुझ पे कविता
रंगों-छन्दों में समाएगी, किस तरह से इतनी सुन्दरता
इक धड़कन है तू दिल के लिए, इक जान है जीने के लिए
सागर भी तरसते रहते हैं, तेरे रूप का रस पीने के लिए
जीवन से भरी तेरी आंखें...

मधुबन की सुगन्ध है सांसों में, बांहों में कमल की कोमलता
किरनों का तेज है चेहरे पे, हिरनों की है चंचलता
आंचल के तेरे हैं तार बहुत, कोई चाक जिगर सीने के लिए
सागर भी तरसते रहते हैं, तेरे रूप का रस पीने के लिए
जीवन से भरी तेरी आंखें....

## तेरे मेरे सपने

**गीत** : नीरज **संगीत** : एस.डी. बर्मन
**सहगायिका** : लता

किशोर – जीवन की बगिया महकेगी, लहकेगी, चहकेगी
खुशियों की कलियां झूमेंगी, झूलेंगी, फूलेंगी
लता – वो मेरा होगा
किशोर – वो सपना तेरा होगा
मिल-जुल के मांगा
वो तेरा मेरा होगा
जब जब वो मुस्करायेगा
अपना सवेरा होगा
लता– थोड़ा हमारा थोड़ा तुम्हारा
आएगा फिर से बचपन हमारा
किशोर– हम और बंधेंगे
हम तुम कुछ और बंधेंगे
हम तुम कुछ और बंधेगे
बांधेगा धागा कच्चा
हम तुम कुछ और बंधेंगे
थोड़ा हमारा थोड़ा तुम्हारा
आएगा फिर से बचपन हमारा

## थोड़ी सी बेवफाई

**गीत** : गुलजार **संगीत** : खय्याम

हजार राहें मुड़ के देखीं, कहीं से कोई सदा न आई
बड़ी वफा से निभाई तुमने, हमारी थोड़ी-सी बेवफाई
जहां से तुम मोड़ मुड़ गये थे, ये मोड़ अब भी वहीं पड़े हैं
हम अपने पैरों में जाने कितने, भंवर लपेटे हुए खड़े हैं
बड़ी वफा से निभाई तुमने हमारी थोड़ी सी बेवफाई

कहीं किसी रोज यूं भी होता, हमारी हालत तुम्हारी होती
जो रात हमने गुजारी मरके, वो रात तुमने गुजारी होती
बड़ी वफा से निभाई तुमने, हमारी थोड़ी सी बेवफाई
उन्हें ये जिद थी के हम बुलाते
हमें उम्मीद थी वो पुकारें
है नाम होंठों पे अब भी लेकिन आवाज में पड़ गई दरारें
बड़ी वफा से निभाई तुमने हमारी थोड़ी सी बेवफाई....

## तपस्या

**गीत** : हशमत **संगीत** : रवीन्द्र जैन

जो राह चुनी तूने उसी राह पे राही चलते जाना रे
हो कितनी भी लम्बी रात दिया बन जलते जाना रे
कभी पेड़ का साया पेड़ के काम न आया
सेवा में सभी की उसने जन्म बिताया
कोई कितने ही फल तोड़े, उसे तो है फलते जाना रे
उसी राह पर राही चलते जाना रे
जीवन के सफर में ऐसे भी मोड़ हैं आते
जहां चल देते हैं अपने भी तोड़ के नाते
कहीं धीरज छूट न जाए, तू देख संभलते जाना रे
उसी राह पर राही चलते जाना रे
तेरे प्यार की माला कहीं जो टूट भी जाए
जनमों का साथी कभी जो छूट भी जाए
दे दे कर झूठी आस तू खुद को छलते जाना रे
उसी राह पे राही चलते जाना रे
तेरी अपनी कहानी ये दरपन बोल रहा है
भीगी आंख का पानी, हकीकत खोल रहा है
जिस रंग में ढाले वक्त, मुसाफिर ढलते जाना रे
उसी राह पे राही चलते जाना रे

## धर्मवीर

**गीत** : आनन्द बक्शी **संगीत** : लक्ष्मीकांत प्यारेलाल
**सहगायिका** : लता

किशोर – हम बन्जारों की बात मत पूछो जी
कोरस – ला ला ला ला आ आ आ आ

लता – हम बन्जारों की बात मत पूछो जी,
जो प्यार किया तो प्यार किया
जो नफरत की तो नफरत की

किशोर – अच्छा ये बात है तो फिर आएंगे
अच्छा ये बात है तो फिर आएंगे
हम तेरे प्यार को आजमाएंगे

लता – हम बन्जारों की बात मत पूछो जी
जो प्यार किया तो प्यार किया
जो नफरत की तो नफरत की

कोरस – ला ला ला ला आ आ आ आ

लता – हम दिल नहीं देते हम जान देते हैं
हम दिल नहीं देते, हम जान देते हैं

किशोर – ये दुश्मनी है

लता – तुम दोस्ती ना समझो

किशोर – दिल की लगी है

लता – तुम दिल्लगी ना समझो
दिल के मारों की बात मत पूछो जी
जो प्यार किया तो प्यार किया
जो नफरत की तो नफरत की

किशोर – ये लोग हैं बन्जारे, ये तुम कहो प्यारे
क्या हो...जब तड़प के दिल-दिल को पुकारे

लता – सर हाथ पे रख के

किशोर – साथी पुराने आए

लता – सब देखते हैं

किशोर – वो यार को ले जाए,
सच्चे यारों की बात मत पूछो जी
जो प्यार किया तो प्यार किया
जो नफरत की तो नफरत की
तुम जो कहते हो, हम वो करते हैं

लता – हम जो करते हैं तुम वो कहते हो, कुछ शर्त रख लो

किशोर– मांगो जवानी दे दें

लता – काफी नहीं है

किशोर– ये जिन्दगानी दे दें
हम दिलदारों की बात मत पूछो जी

जो प्यार किया तो प्यार किया
जो नफरत की तो नफरत की
हम बन्जारों की बात मत पूछो जी....

लता – हम बन्जारों की बात मत पूछो जी
किशोर– जो प्यार किया
लता – तो प्यार किया
किशोर– जो प्यार किया
लता – तो प्यार किया
दोनों – जो नफरत की तो नफरत की

## मालिक

**गीत** : राजेन्द्र कृष्ण **संगीत** : कल्याणजी आनन्दजी

खाना मिलेगा, पीना मिलेगा
भैया की शादी है सब कुछ मिलेगा
नाचो मेरे यार, गाओ मेरे यार
झूमो मेरे यार
बड़े-बड़े लोग देखो आए बारात में
मोटी मोटी तोंदों को लाये हैं साथ में
जो कुछ भी हाथ को साफ कर जाएंगे
खा लेंगे हफ्ते का बस एक रात में
होती है शादी देखो इक बार
खा लो पी लो जितना भी चाहो बार बार
मांगो मेरे यार
देखो दूल्हा राजा हैं ऐसे
बैठा घोड़ी पे चांद हो जैसे
लागे दुल्हन भी घूंघट में ऐसे
छुपी बादल में बिजली हो जैसे
दोनों ये सोचें कब जाएंगे बाराती
गले लग जायें हम जीवन के साथी
नाचो मेरे यार, गाओ मेरे यार, झूमो मेरे यार

# खान दोस्त

**गीत :** अनजान **संगीत :** कल्याणजी आनन्दजी

ये दोस्ती, यारी, मुहब्बत, क्या है, कुछ भी नहीं,
सब दिखावा है, अरे सब नुमाइश है,
नुमाइश के सिवा कुछ भी नहीं, फिर
काहे की दोस्ती, काहे की यारी,
दुनिया ये दुनिया है मतलब की मारी
यारों की यारी नुमाइश है सारी
काहे की दोस्ती, काहे की यारी।
ओ ऽऽ क्या रिश्ते नाते हैं, बातें ही बातें है,
बातों की बातों से दिल लूटे जाते हैं।
कसमें तो रस्में हैं, दुनिया के बस में हैं,
दुनिया की आंखों पे दो रंगी चश्में हैं
देखी है दुनिया की ये दुनियादारी
काहे की दोस्ती, काहे की यारी।
ओ ऽऽ कलियां बिक जाती हैं, गलियों बाजारों में
दिल के बीमारों में, झूठे दिलदारों में।
मैली हर चूनर है, दागी हर चोली है
तेरी भी बोली तो यारों ने बोली है।
सब यार तेरे, तेरे हां तेरे
सब यार तेरे हवस के पुजारी।।
काहे की दोस्ती, काहे की यारी।
हे ऽऽ मेरी तो हस्ती में मस्ती ही मस्ती है
पास है दौलत तो ये दुनिया सस्ती है।
लोग सच कहते हैं, हां मैं हरजाई हूं
बात सच यह भी है तेरा सैदाई हूं।
अगर—ओ मीना से झूम के पीना है।
जब तलक जीना है, झूम के जीना है।
मैंने जो चाहा है, हां वही पाया है
मांगा कब दुनिया से, मैंने तो छीना है।
बांहों में दम है, फिर किसका गम है
ताकत की सब करते हैं ताबेदारी।
काहे की दोस्ती काहे की यारी।।

## समझौता

**गीत** : इन्दीवर **संगीत** : कल्याणजी आनन्दजी

तनक तुक तन्दा....
ऐसे लोगों का धन्धा कभी ना होगा मंदा
भई जिसकी जेब में तीन डिग्रियां चोरी, झूठ और चन्दा
तनक तुक तन्दा....
हाथ में डिग्री हाथ में डिग्री B. A. की है
फिर भी मन में भरी उदासी
सोचा था कुछ बनके रहेंगे बन गए ये चपरासी
सलाम साब माई बाप माई बाप
पन्द्रह साल की मेहनत पे भी फिर गया देखा रन्दा
तनक तुक तन्दा....
इसने उसको अरे इसने उसको उसने उसको उसने
उसको लूटा
पता नहीं लगता यारों किसने किसको लूटा हाय हाय
किसने किसको लूटा
गोलमाल सब कर जाते हैं करके गोरख धन्धा
तनक तुक तन्दा....
जो देता भाषण है धरम पे उसके दिल में धरम नहीं
आंख पे दो सौ का चश्मा है फिर भी आंख में
धरम नहीं
धरम करम को खो गया देखो ये चांदी का फन्दा
तनक तुक तन्दा....
सुन लो सुन लो यारों जमाना कैसा पलटा है
काम दुनिया का जो देखो हो रहा उल्टा उल्टा है
गधे की कीमत है दो सौ...आदमी सौ में बिकता है
सब कुछ हो गया महंगा लेकिन सस्ता हो गया बन्दा
तनक तुक तन्दा ऐसे लोगों का धन्धा...

## हम तुम और वो

**गीत** : वर्मा मलिक **संगीत** : कल्याणजी आनन्दजी

प्रिये....प्रिये.....
प्रिये प्राणेश्वरी, हृदयेश्वरी

यदि आप हमें आदेश करें तो
प्रेम का हम श्रीगणेश करें
प्रिये प्राणेश्वरी....
ये चक्षु तेरे चंचल चंचल
ये कुन्तल भी श्यामल श्यामल
ये अधर धरे जीवन ज्वाला
ये रूप चंद्र शीतल शीतल
ओ कामिनी
ओ कामिनी प्रेम विशेष करें
यदि आप हमें आदेश करें तो
प्रेम का हम श्रीगणेश करें
प्रिये प्राणेश्वरी....
हम भ्रमर नहीं इस यौवन के
हम याचक हैं मन उपवन के
हम भाव पुष्प कर दें अर्पण
साकार करो सपने मन के
मन मोहिनी
मन मोहिनी मन में प्रवेश करें
यदि आप हमें आदेश करें तो
प्रेम का हम श्रीगणेश करें
प्रिये प्राणेश्वरी...

## कर्ज

**गीत** : आनन्द बक्शी **संगीत** : लक्ष्मीकांत प्यारेलाल

तुमने किसी से प्यार किया-किया
कभी किसी को दिल दिया-दिया
मैंने भी दिया—ला ला ला ला ला ला ला ला
मेरी उमर के नौजवानों दिल न लगाना ओ दीवानों
मैंने प्यार करके चैन खोया नींद खोई
अरे झूठ तो कहते नहीं हैं कहते नहीं हैं लोग कोई
है प्यार से बढ़कर नहीं है बढ़कर नहीं रोग कोई
चलता नहीं है दिल देके यारों इस दिल पे जोर कोई
इस रोग का नहीं है इलाज दुनिया में और कोई
तो गाओ ओम, शांति ओम शान्ति शान्ति ओम

मैंने किसी को दिल देके कर लीं रातें खराब देखो
आया नहीं अभी तक उधर से कोई जवाब देखो
वो ना कहेंगे तो खुदकशी भी कर जाऊंगा मैं यारों
जो हां कहेंगे तो भी खुशी से मर जाऊंगा मैं यारों
तो गाओ ओम शान्ति ओम शान्ति शान्ति ओम
जो छुप गया है पहली नजर का पहला सलाम लेकर
तेरे हजारों दीवाने अब मैं खुद बन गया दीवाना
ये वक्त तुम पे आ जाए प्यार में तो ये गीत गाना
तो गाओ ओम शान्ति ओम शान्ति शान्ति ओम

## एक नारी एक ब्रह्मचारी

**गीत** : नीरज **संगीत** : शंकर जयकिशन
**सहगायिका** : आशा

आशा – अरे तू है बुद्धू ब्रह्मचारी,
तू क्या जाने क्या है नारी,
तेरी सूरत राम प्यारी,
जा-अरे जा-अरे जा ...
किशोर – नारी मर्दों की बरबादी,
कर लो कर लो कर लो शादी
अरे जा जा जा ...
आशा – सेवा है, शक्ति है, देवी है, भक्ति है
मोहिनी, माया है, रूप है, छाया है
नारी से जहान है, नारी ही ईमान है
नारी से इन्सान है, नारी ही भगवान है
किशोर – नारी तो पहेली है, पैसों की सहेली है
पाप की पिटारी है, नशा है खुमारी है
छुरी है कटार, आदमी की हार है
तू बोले भगवान है, हम कहते शैतान है
हम कहते शैतान है, तू है बुद्धू
आशा – शक्ति है, सीता है, ज्ञान है, गीता है,
रूप की रानी है, प्रेम की कहानी है
सोए को जगाती है, रास्ता बताती है
नारी से टकराता है, नारी तेरी माता है,
नारी तेरी माता है। तू है बुद्धू ....

## गैम्बलर

**गीत** : इन्दीवर **संगीत** : नीरज

**सहगायिका** : लता

किशोर– चूड़ी नहीं ये मेरा दिल है
चूड़ी नहीं ये मेरा दिल है
देखो – देखो टूटे ना
चूड़ी नहीं ये मेरा.....
नीली पीली रंग बिरंगी
प्यार की ये सौगात
न-न-न-ऐसे नहीं
धीरे-धीरे चुपके चुपके
डालो इनमें हाथ
कांच है कच्चा लेकिन इनसे
हो सच्चा श्रृंगार
सोना नहीं चांदी नहीं
हीरा नहीं मोती नहीं
कीमत इनकी प्यार
फूलों सी नाजुक हैं
देखो-देखो-देखो-देखो....
चूड़ी नहीं ये मेरा....

लता– अच्छा सच

किशोर– चूड़ी नहीं ये मेरा दिल है
देखो देखो टूटे ना
चूड़ी नहीं ये मेरा...
मेरा प्यार है चूड़ी जैसा
इसका ओर न छोर
यहां नहीं वहां नहीं
देखो कभी टूटे नहीं
जीवन की ये डोर
इनकी खन खन
दिल की धड़कन
है मेरा संगीत
सुनो जरा सोचो जरा

नगमा ये प्यार भरा ओ मेरे मन मीत
लाजवाब–बेमिसाल
देखो-देखो टूटे ना
चूड़ी नहीं ये मेरा ....

लता – अहा हा अहा...हा
तेरी चाहत तेरी उल्फत
है मेरी मंजिल
घेरे मुझे बांहें तेरी बांधे तुझे चाहें मेरी
दिल मेरा तेरा दिल
कोई भी हो मेरा है तू
ऐ मेरे हमदम
गम मिले खुशी मिले
कहीं रहें कैसे रहें
बिछड़ेंगे न हम

किशोर – फिर भी
लता – ऊंहूं–
किशोर– जानेमन
लता – ऊंहूं–
किशोर– देखो देखो–देखो देखो टूटे ना
चूड़ी नहीं ये मेरा ....
चूड़ी नहीं ये!
लता – तेरा दिल है
किशोर– देखो देखो टूटे ना
चूड़ी नहीं ये मेरा
लता – हां हां हां

## जंगल में मंगल

**गीत** : नीरज **संगीत** : शंकर जयकिशन

कल की ना करो बात
अरे बात करो आज की
कल की ना करो बात, बात करो आज की
यह जिन्दगी तो झूम के गाने के लिए है–
जीवन के ये दिन यार बड़े प्यार से गुजरे
इकरार से गुजरे कभी तकरार से गुजरे

और इनकी याद दिल में बसाने के लिए है
कल की न करो बात....
इस रात की सुबह ना हो यह अपनी दुआ है
छाया हुआ हर दिल पर मुहब्बत का नशा है
यह रात सारी रात जगाने के लिए है
कल की ना करो बात.....

## कल आज और कल

**गीत** : नीरज **संगीत** : शंकर जयकिशन
**सहगायिका** : लता

किशोर– हलो
लता – आप यहां आए किसलिए
किशोर– आपने बुलाया इसलिए
लता – आए हैं तो काम भी बताइए
किशोर– ना–ना पहले जरा आप मुस्कुराइए
लता – आप यहां आए किसलिए
किशोर – अजी आपने बुलाया इसलिए
लता – आए हैं तो काम भी बताइए
किशोर– ना ना पहले जरा आप मुस्कुराइए
लता – मुस्कराने की ना कोई बात है
किशोर– अजी देखिये तो क्या हसीन रात है
लता – ओ हो काम तो बताइए बताइए
किशोर– ना ना ना पहले जरा आप मुस्कुराइए
लता – आप यहां किसलिए
किशोर– तेरे बिना हाय
लता – हां
किशोर– नींद नहीं आती है
लता – ना ना
किशोर– याद तेरी आकर
लता – आ हा
किशोर– रोज तड़पाती है
लता – सचमुच?
किशोर– अपना बना लो
लता – हाथ जरा थाम लो

किशोर– वा वा वा
लता – बार बार पूछो ना
किशोर– हां हां
लता – दिल से भी काम लो
किशोर– काम तो बताओ
लता – काम सीधा सादा है
किशोर– बोलो बोलो
लता – अजी लेना एक वादा है
किशोर– क्या
आजा आजा ना
शादी का इरादा है
लता – क्या क्या?
किशोर– शादी का इरादा है
लता – शादी और तुमसे
किशोर– शादी का इरादा है
लता – ना ना शादी?
किशोर– हां
लता – ना बाबा ना
किशोर– मगर क्यूं?
लता – शादी तो बरबादी है
किशोर– क्या कहती हो?
लता – खो जानी आजादी है
किशोर– नहीं नहीं
लता – बाय बाय
किशोर– सुनो
लता – टा टा
किशोर– सुनो तो मोना
ओ हो
आप यहां आये किसलिए
आपने बुलाया
आए हैं तो काम भी बताइए
पहले जरा आप मुस्कुराइए
पहले जरा आप मुस्कुराइए

## उलझन

**गीत** : हशमत **संगीत** : कल्याणजी आनंद जी

अपने जीवन की उलझन को कैसे मैं सुलझाऊं
अपने जीवन की
अपनों ने जो दर्द दिए हैं वफा के नाम के बन्धन टूटे
प्यार के वादे हो गए झूठे चैन मेरा क्यों लूटे
ऐसे जीवन में मैं कैसे साथ निभाऊं
अपने जीवन की....
कैसे, कैसे भेद छुपाएं हाथों की रेखाएं
कोई न जाने इस जीवन को ये किस ओर ले जाएं
पढ़ न पाऊं लेख विधि का पल-पल मैं घबराऊं
अपने जीवन की....

## कसम खून की

**गीत** : अनजान **संगीत** : कल्याणजी आनंदजी

किसी ने मांगे हीरे मोती
किसी ने मांगा गहना
मैंने उस मालिक से मांगी
एक प्यारी सी बहना
ओ मेरी मैना जैसी बहना
नैनों से दूर न रहना
चाहे सारी दुनिया रूठे
प्यार कभी तेरा रूठे ना
छोड़े भी तो छूटे ना
तोड़े भी तो टूटे ना
ओ मेरी मैना जैसी बहना....
हर भाई का दिल चाहे, माथे पे तिलक लगवाऊं
माथे पे तिलक लगवाऊं
कब फिर लौट के सावन आए, कब राखी बंधवाऊं
मैं कब राखी बंधवाऊं
जब तक इस दुनिया में रहना
ये बन्धन भी छूटे ना
छोड़े भी तो छूटे ना

तोड़े भी तो टूटे ना
ओ मेरी मैना जैसी बहना....
अपने सात जनम की खुशियां तेरे नाम लगा दूं
मैं तेरे नाम लगा दूं
ऐसा राजा लाऊं जिसकी रानी तुझे बना दूं
मैं रानी तुझे बना दूं
माथे पे बिन्दिया
हाथों में कंगन
पांवों में पायल छनके
देख लूं मैं डोली कन्धों पे जब जाए तू दुल्हन बनके
जब जाए तू दुल्हन बनके
अपने दिल को समझा लूंगा
आंख से आंसू छूटे ना
तोड़े भी तो टूटे ना
ओ मेरी मैना जैसी बहना
नैनों से दूर न रहना
मेरी मैना जैसी बहना मेरी बहना...

## तेरे मेरे सपने

**गीत** : नीरज **संगीत** : एस.डी. बर्मन
**सहगायिका** : लता

किशोर– हे मैंने कसम, ली
लता – ली
किशोर– हे तूने कसम ली
लता – ली
किशोर– नहीं होंगे जुदा हम
दोनों – हे मैंने कसम ली
किशोर– सांस तेरी मदिर–मदिर
जैसे रजनीगंधा
प्यार तेरा मधुर–मधुर
चांदनी की गंगा
नहीं होंगे जुदा हम
दोनों – हे मैंने कसम ली
लता – पाके कभी खोया तुझे

खोके कभी पाया
जनम-जनम तेरे लिए
बदली हमने काया
नहीं होंगे जुदा

दोनों – हे मैंने कसम ली

किशोर– एक तन है एक मन है
एक प्राण एक मन है
एक रंग एक रूप
तेरे मेरे सपने
नहीं होंगे जुदा

दोनों – हे मैंने कसम ली

## हमशक्ल

**गीत** : आनन्द बक्शी **संगीत** : आर.डी. बर्मन

आओ बच्चों मैं तुम्हें एक बहुत अच्छी कहानी सुनाता हूं
क्या झूमो तुम नाचो मैं गाता हूं
सबको एक कहानी मैं सुनाता हूं
एक तारा था बड़ा प्यारा था बड़ा न्यारा था
काली-काली रातों में जब वो चमकता था
आसमां की परियों का भी दिल धड़कता था
सितारे नजारे सब उससे जलते थे मैं बनाता हूं एक
मैंने उससे पूछा तुम क्या काम करते हो
जगमग-जगमग टिम-टिम सुबह शाम करते हो
वो डोला वो बोला तुमको मीठे सपने मैं दिखाता हूं
फिर क्या हुआ बोलो ना आगे क्या हुआ बोलो ना
रोता सबको छोड़ गया वो सबसे रूठ के
जाने कहां खो गया अम्बर से टूट के
ना आना दीवाना उसकी याद में आंसू मैं बहाता...

## मुकद्दर का सिकन्दर

**गीत** : अनजान **संगीत** : कल्याणजी आनंदजी

रोते हुए आते हैं सब हंसता हुआ जो जाएगा
वो मुकद्दर का सिकन्दर जानेमन कहलाएगा
वो सिकन्दर क्या था जिसने जुल्म से जीता जहां

प्यार से जीते दिलों को वो झुका दे आसमां
जो सितारों पर कहानी प्यार की लिख जाएगा
वो मुकद्दर का सिकन्दर....
जिन्दगी तो बेवफा है एक दिन ठुकराएगी
मौत महबूबा है अपने साथ लेकर जाएगी
मरके जीने की अदा जो दुनिया को दिखलाएगा
वो मुकद्दर का सिकन्दर....
हमने माना यह जमाना दर्द की जागीर है
हर कदम पे आंसुओं की इक नई जंजीर है
साजे गम पर जो खुशी के गीत गाता जाएगा
वो मुकद्दर का सिकन्दर....

## दूल्हा बिकता है

**गीत** : इन्दीवर **संगीत** : बप्पी लहरी

दूल्हा बिकता है बोलो खरीदोगे
ये वो संसार है चोर बाजार है
धोखा बिकता है बोलो खरीदोगे....
दूल्हा....
माल व जर भी मिले और मकान, दहेज भी
मांगते हैं क्यों आसमान दहेज में
रिश्ते नातों के होते हैं सौदे यहां
पांव पर गिर गई पगड़ियां दहेज में
रस्म के नाम पे धर्म के नाम पे दाता बिकता है
चीखी शहनाई आंगन में डोली चली
भेष बदले हुए जैसे अर्थी चली
बाप मांगे दुआ लाज रख ले खुदा
लाल जोड़े में छुपके गरीबी चली
वक्त है निर्दयी मां जो रोने लगी पर्दा बिकता....
लेके आई है मन में उमंगें नई, रूप चांदनी रंग है चम्पई
हीरे मोती में ढूंढ़े मोहब्बत पिया
सेज दुल्हन की पल में चिता बन गई
जी रहा है पति हो गई वो सती, रिश्ता...
कब तलक दुल्हनों की चढ़ेगी बली
मसली जाएगी कब तक ये नाजुक कली

ये है बेटी तेरी बहन राम गोपाल हो या शरारत अली
सब हैं बहुरुपिए इनसे ये पूछिए
सपना बिकता है....

## हीरा पन्ना

**गीत** : आनन्द बक्शी **संगीत** : आर.डी बर्मन

हां–जरा हंस के....जरा खिलखिला के
मैं तस्वीर उतारता हूं बिखरी हुई हसीनों की
जुल्फें संवारता हूं फिर जुल्फों के साए में रातें गुजारता हूं
कोई हसीना कितनी भी मगरूर हो
हुस्न की दुनिया में कितनी भी मशहूर हो
मस्ती में चूर हो पास होके दूर हो
दौड़ी चली आती है, मैं जिसको पुकारता हूं
मैं तस्वीर उतारता हूं
चांद की ना पड़ी है जिनपे किरण
मैंने देखे उन हसीनों के बदन–2
मेरा शोख है चलन जान जाओ जानेमन
तोड़ के सारे पर्दे मैं रूप को निहारता हूं
मैं तस्वीर उतारता हूं...बिखरी हुई हसीनों की
जुल्फें संवारता हूं फिर जुल्फों के साये में रातें गुजारता हूं
थक के साहिल पे समन्दर खो गया
याद तेरी आ गई मैं खो गया
ये गया मैं वो गया...ये मुझे क्या हो गया
नाम तेरा लेता हूं–मैं जिसको पुकारता हूं....

## खेल खिलाड़ी का

**गीत** : राजेन्द्र कृष्ण **संगीत** : कल्याणजी आनंदजी
**सहगायिका** : लता

किशोर– एक बबलू पूछे बबली से
लता – क्या पूछे बबली से
किशोर– सच सच एक बात बताना, देखो मुझसे कुछ न छुपाना, कहो कब तक प्यार निभाना
लता – एक, दो, तीन साल, दस, बीस, तीस साल बोलो बोलो कितने साल, हजारों हजारों साल

किशोर – तुमसे कुछ कहना चाहूं
लता – कह दो ना
किशोर– कहता हूं, तुमसे कुछ कहना चाहूं
पर कहने से घबराऊं
होते जो गरीब तो क्या हम तुम मिलते
तेरे मेरे प्यार के ये फूल क्या खिलते
लता – मेरे प्यार को न दो ताना, छोड़ा तेरे लिए है जमाना
तुझे दिल से अपना माना
किशोर– एक, दो, तीन साल, दस, बीस, तीस साल
बोलो बोलो कितने साल
लता – हजारों हजारों साल
किशोर– कभी कभी दिल डरता है
लता – दिल डरता है क्यूं जी
किशोर– मालूम नहीं
कभी कभी दिल डरता है
फिर भी तुझपे मरता है
लता – जिन्दगी की राह में छोड़ तो न दोगे
खेल के खिलौने कहीं तोड़ तो न दोगे
किशोर – तूने मुझे नहीं पहचाना
मेरा इश्क बड़ा मरदाना
पर साथ रहेगा ये दीवाना
लता – एक, दो, तीन साल
दस, बीस, तीस साल
बोलो बोलो कितने साल
किशोर – हजारों हजारों साल
एक बबलू पूछे बबली से
लता – क्या पूछे पगला पगली से
किशोर– सच सच एक बात बताना
देखो मुझसे कुछ न छुपाना
कहो कब तक है प्यार निभाना
दोनों – एक, दो, तीन साल
दस, बीस, तीस साल
बोलो बोलो कितने साल
हजारों हजारों साल...

## प्रेम पुजारी

**गीत :** नीरज **संगीत :** एस.डी. बर्मन

शोखियों में घोला जाए फूलों का शबाब
उसमें फिर मिलाई जाए थोड़ी सी शराब
होगा यूं नशा जो तैयार वो प्यार है
हां हां हां होगा यूं नशा जो तैयार वो प्यार है
शोखियों में घोला जाए
हे....हे.....हे....हे.....है
हंसता हुआ बचपन वो बदला हुआ मौसम है
छोड़ो तो एक शोला है छू लो तो इक शबनम है
गांव में, मेले में, राह में अकेले में
आता है जो याद बार-बार वो प्यार है
शोखियों में घोला जाए फूलों का शबाब
आ....आ....आ.....आ...
रंग में पिघले सोना अंग में यूं नीलम
जैसे बजे रात में धुन हल्के-हल्के
धूप में छांव में झूमती हवाओं में
हरदम करे इन्तजार वो प्यार है
शोखियों में घोला जाए फूलों का शबाब
उसमें फिर मिलाई जाए थोड़ी सी शराब
होगा यूं नशा जो तैयार वो प्यार है
शोखियों में घोला जाए फूलों का शबाब...

## अपने रंग हजार

**गीत :** वर्मा मलिक **संगीत :** कल्याणजी आनंदजी

मेरी काली कलूटी के नखरे बड़े
हंस की चाल में देखो ओ कौवा उड़े
मेरी काली कलूटी....
क्या हसीन है ये, एक नगीना है ये
बारहों मास तपे, वो महीना है ये
अभी तोला है अभी माशा है ये
मेरी माशूक है या इक तमाशा है ये
रोज चेहरे पे और इक चेहरा जड़े

ओ मेरी काली कलूटी के .....
बदलकर क्या फैशन ये सूरत बदली है
बिना पर की तितली संवर कर निकली है
लगा दूं गालों पे ये बिंदिया काजल की
नजर लग जाए न हाय किसी पागल की
वो बचे न, ये जिसके भी पल्ले पड़े
ओ मेरी काली कलूटी...
कुछ भी कह ले मुझे हां यह हक है तुझे
तू न चाहे मुझे, हां ये हक है तुझे
नखरे वाली नहीं भोली-भाली हूं मैं
हो गई प्यार में जलके काली हूं मैं
प्यार ने ओ पिया ये असर तो किया
तूने आखिर मुझे मेरी कह तो दिया
फिर जरा फिर जरा फिर से कह दे पिया
मेरी काली कलूटी के नखरे बड़े....
जितना ठुकराए तू प्यार उतना बढ़े
तेरी काली कलूटी के नखरे बड़े

## हमजोली

**गीत** : आनन्द बक्शी **संगीत** : लक्ष्मीकांत प्यारेलाल
**सहगायिका** : लता

लता– ढल गया दिन हो गई शाम जाने दो जाना है।
किशोर– अभी अभी तो आई हो अभी अभी जाना है।।
लता– सितम मेरे दिल पे जो ढाए कसम लगे
उसको मेरी जो जाए।
ना ऐसे देखो मुझे न रोको, जरा ये सोचो
बुरा जमाना है।
गुजारी साथ हमने कई रातें–
न जाने कब खत्म होंगी तेरी बातें।
किशोर– अभी न जाना कोई तराना कोई फसाना
अभी सुनाना है।
बनाते हो ये रोज ही बहाना न जाने देगा
आज तुमको ये दीवाना।
लता– माना जी माना तू है दीवाना मेरा दीवाना
बड़ा सयाना है।

# ड्रीम गर्ल

**गीत :** आनन्द बक्शी **संगीत :** लक्ष्मीकांत प्यारेलाल

**सहगायिका :** हेमा

हेमा – मुझे मत दुआ दे कि मैं बद्दुआ हूं
नहीं तेरे काबिल कि मैं बेवफा हूं

किशोर– हुआ क्या अगर तू जरा बेवफा है
मेरी दिलरुबा है, मेरी दिलरुबा है
नहीं गम अगर तूने धोखा दिया है
तू जाने वफा है मेरी दिलरुबा है

हेमा – न कर मेरी तारीफ, मुझको भुला दे
भला मुझ में क्या है, ये मुझ को बता

किशोर– तेरा हुस्न तो है बड़ा सीधा सादा...
तेरी बेवफाई हंसी है ज्यादा....
बड़े शौक से तोड़ फिर कोई वादा
मैं आशिक हूं जिस पे यही वो अदा है
तू जाने वफा है मेरी दिलरुबा है....

हेमा – तुझे जो दिए हैं वो गम याद आए...
मुझे आज अपने सितम याद आए...

किशोर– सितमगर भी है तो मेहरबान है तू...
भला किस खता पे पशेमान है तू...
मुझे दर्द देकर पशेमान है तू...
यही दर्द तो मेरे दिल की दवा है
तू जाने वफा है मेरी दिलरुबा है

हेमा – कही हैं जो तुमने वो बातें हैं झूठी

किशोर– कोई झूठ-सच मैं नहीं मानता हूं...
मैं तेरी निगाहों को पहचानता हूं...
जहां है मुहब्बत वहां और क्या है
तू जाने वफा है मेरी दिलरुबा है
हुआ क्या अगर तू जरा बेवफा है
मेरी दिलरुबा है मेरी दिलरुबा है।

## घर घर की कहानी

**गीत** : आनन्द बक्शी **संगीत** : राजेश रोशन

समां है सुहाना नशे में जहां है
किसी को किसी की खबर ही कहां है
हर दिल में देखो मुहब्बत जवां है
कहर ढा रही है नजर से अफसाने
हो रहा है असर किसको दिल जाने
देखो ये दिल ही अजब दास्तां है
नजर बोलती है दिल बेजुबां है
हो गया है मिलन दिलों का मस्ताना
हो गया है कोई किसी का दीवाना
जहां दिलरुबा है दिल भी वहां है
जिसे प्यार कहिए वही दरमयां है

## आज का महात्मा

**गीत** : वर्मा मलिक **संगीत** : लक्ष्मीकांत प्यारेलाल

चांदनी चांद से होती है सितारों से नहीं
प्यार भी एक से होता है हजारों से नहीं
फिर तो बुलबुल से मिलो आज बहारों से नहीं
ये नजर तुमसे आबाद थी नजारों से नहीं,
चांदनी चांद....
मैंने तुमको नहीं समझा था खतावार हूं मैं
जो सजा चाहे मुझे दे दो गुनहगार हूं मैं
अब तो जंजीर से बांधों मुझे हीरों से नहीं
बदला लेते हैं मगर प्यारों से नहीं,
चांदनी चांद....
पास भी तुम हो और आंखों में नशा चमके भी
हो तो सकती है गलत बात कोई हमसे भी
शोखियां कीजे मगर प्यार के मारों से नहीं
लव जो खुल पाए तो कह दूंगा इशारों से नहीं,
चांदनी चांद....
डूबकर हमको इन आंखों में रह जाने दो
आज बांहों की इन्हीं लहरों में बह जाने दो

आज काबू में हम आयेंगे हजारों के नहीं
अपना तूफान से रिश्ता है किनारों से नहीं,
चांदनी चांद....

## आक्रमण

**गीत** : आनन्द बक्शी **संगीत** : लक्ष्मीकांत प्यारेलाल

फौजी गया जब गांव में, फौजी गया जब गांव में
पहन के रंगरूट फुलबूट पांव में...फौजी गया...
पहले लोगों ने रखा था मेरा नाम निखट्टू
दो दिन में जग ऐसे घूमा जैसे घूमे लट्टू
भरती होके करनैला करनैल सिंह बन बैठा
मेरा बापू साथ मेरे जरनैल सिंह बन बैठा
आते देखा मुझको तो करने लगे सलामी
आगे पीछे दौड़े चाचा चाची मामा मामी
यारों ने सामान उठाकर रखा अपने सर पे
दरवाजे पर बैठे थे सब जब मैं पहुंचा घर पे
कसकर पूरे जोर से फिर मैंने सैल्यूट जो मारा
सबकी छुट्टी हो गई फिर मैंने बूट जो मारा
फौजी जब गया गांव में...
घर के अन्दर जाकर फिर जब मैंने खोला बक्सा
देख रहे थे सब देखें जंग का नक्शा
सबको था मालूम शाम को खुलेगी रम की बोतल
बीच में बैठा था मैं सब बैठे थे आजू बाजू
इतने में बन्दूक चली भई गांव में आए डाकू
उतर गई थी सबकी छुप गए सारे डर के मारे
मैं घर से बाहर निकला सब मेरा नाम पुकारें
मार के लाठी जमीं पे झट से डाकुओं को ललकारा
वे थे चार अकेला मैं, मैंने चारों को मारा
फौजी गया जब गांव में...
छोड़ के अपने घोड़े डाकू जान बचाकर भागे
मेरी वाह वाह करते सुबह नींद से लोग जागे
मैं खेतों की सैर को निकला मौसम था मस्ताना
रास्ते में वो मिली मेरा जिससे इश्क पुराना
खूब सुने आओ खूब सुनाये किस्से अगले पिछले

निकला चांद तो हम दोनों भी खेत से बाहर निकले
हाय हाय मच गया शोर सारे गांव में, फौजी गया...

## मुहब्बत

**गीत** : इन्दीवर **संगीत** : बप्पी लहरी

**सहगायिका** : लता

किशोर– मुहब्बत-मुहब्बत-मुहब्बत-मुहब्बत
मुहब्बत-मुहब्बत
सांसों से नहीं-कदमों से नहीं
मुहब्बत से चलती है दुनिया-दुनिया आं–
मुहब्बत-मुहब्बत-मुहब्बत-मुहब्बत
पलकों से कांटे हटा देंगे
फूल तो क्या दिल बिछा देंगे
मिटने ना देंगे नामे मुहब्बत
खुद को खुशी से मिटा देंगे
ताजों से नहीं-तख्तों से नहीं
मुहब्बत से चलती है दुनिया...
रा मा पा दा-रे गा मा रे
नि रे गा रे-सा रे गा रे गा
मुहब्बत-मुहब्बत-मुहब्बत-मुहब्बत
प्यार के वादे हम निभा देंगे
रंग हैं जितने भी खुशियों के
राहों में तेरी सजा देंगे
रिश्तों से नहीं-नातों से नहीं
मुहब्बत से चलती है दुनिया...

लता – मुहब्बत-मुहब्बत-मुहब्बत-मुहब्बत
मुहब्बत-मुहब्बत
आ – आ – आ – आ – आ –
नैनां यहां बरसें मिलने को तरसें
सही जाए ना जुदाई ओ-ओ–
खुद को भुला देंगे तब तक भूलेंगे हम
हमदम माना मुझसे मिल ना पायेंगे हम
ओ–प्यार फिर भी ना होगा तुझसे कम
ओ –ओ नैना यह बरसे...

मुहब्बत-मुहब्बत-मुहब्बत-मुहब्बत
ऐसे –हमको तुम भुला ही देना ऐसे...
ओ भूले सपनों का सवेरा जैसे
खुद को भुला देंगे तब तुझे भूलेंगे हम
ओ नैना यह बरसें....

## प्यारी बहना

**गीत** : इन्दीवर **संगीत** : बप्पी लहरी
**सहगायिका** : आशा

किशोर– शादी का मतलब जानती हो क्या होता है
आशा – हां मालूम है
किशोर – अच्छा तो बताओ
आशा– हूं शादी का मतलब होता है क्या
हमको है ये सारा पता
मियां कमाए और बीवी खाए
मियां जब जाए कमाकर लाए
तो बीवी पकाए मियां को खिलाए
किशोर– न न न न न ना ना शादी का मतलब
होता है क्या तुमको नहीं अभी कुछ भी पता
पास तो बैठो प्यार से बात करो
के घुंघटा उठाओ
आशा– जा
किशोर– नैन तो मिलाओ
नैन तो मिलाओ
जरा शरमाओ जरा मुस्कराओ
शादी का मतलब और भी है
सब कुछ पेट की भूख नहीं
इसमें प्यार का दौर भी है
आशा– प्यार जताती है बीवी अपना
घर संसार चला के
जितने तरह के पकते हैं खाने
हर पकवान खिला के
मसाला कूटे अचार वो डाले
मियां न आए तो तो

अकेले खा ले ऐं ऐं

किशोर– प्यार तो आदत है दिल की
कोई बल ना पाएगा
रोटी बिना ये जी भी ले
प्यार बिना मर जाएगा

आशा– भोजन से भी प्यार करो तुम
ध्यान करो सेहत का....
मजा नहीं उलफत का सरसों की साग
मकई की रोटी
मछली इडली डोसा–गरमागरम पकाकर मैंने
ठहरो अभी परोसा
गरम है खाना न देर लगाना
खुद भी खाना हमें भी खिलाना
....शादी का....

## फन्टूश

**गीत** : साहिर **संगीत** : एस.डी. बर्मन

ऐ मेरी टोपी पलट के आ
न अपने फन्टूश को सता
ऐ मेरी दिलवर, इधर नजर कर
न जा बिछुड़कर न जा, न जा
ऐ मेरी टोपी.....
ऐ मेरी हमजोली
तू भी गैर की हो ली, तू भी दे गई धक्का
औरों के संग घूमें, इतराए और झूमें
देखूं मैं भौंचक्का
मेरी टोपी...मेरी टोपी...मेरी टोपी
ऐ मेरी टोपी पलट के आ...
बांध के सर पर सेहरे, चूमे गोरे चेहरे
और मुझे तरसाए
कारों पे चढ़ जाए, होठों तक बढ़ जाए
दिल पे तीर चलाए
मेरी टोपी...मेरी टोपी...मेरी टोपी
ऐ मेरी टोपी पलट के आ....

देखे जिसे अकेली, उससे करे अठखेली
राह में रास रचाए, मोटा पेट बजाए
गंजे सर को छुपाए, छेड़े और छुप जाए
मेरी टोपी...मेरी टोपी...मेरी टोपी
ऐ मेरी टोपी पलट के आ...

## मुद्दत

**गीत :** इन्दीवर **संगीत :** बप्पी लहरी

मुझे कहते हैं रोमीयो....
मेरे दिल में है क्या
है प्यार ही प्यार
मुझे चाहिए क्या
है प्यार ही प्यार हो...हो...हो...
जूलीयट के लिए डून्डे मुल्क तमाम
लब पे सुबह और शाम एक उसका ही नाम
हर दिन हर रात मेरे गीत नगमात
जूलीयट के ही लिए
हो...हो...हो...हो...हो...हो...हो...
मेरे दिल में है क्या
है प्यार ही प्यार
मुझे कहते हैं रोमीयो
सातों आसमान पर सीढ़ियां डालकर
चांद तारों से पूछा, माहपारों से पूछा
मैंने हर जगह पुकारा
खुदाई को ललकारा
जूलीयट है मेरी कहां
हो...हो...हो...हो....
मेरे दिल में है क्या...
है प्यार ही प्यार
मुझे चाहिए क्या
है प्यार ही प्यार
मुझे चाहिए क्या
प्यार ही प्यार
मुझे कहते हैं रोमीयो

दी खुद को यह सदा
मेरी महबूबा मिला
कोई शर्त हो बता
दिल फरिश्तों का दहला
दरे फिरदौस छोड़ कर
आई हुरें दौड़कर
बोली मुझसे हर परी
मैं हूं जूलीयट तेरी
मेरे दिल में है क्या
प्यार ही प्यार
मुझे चाहिए क्या
प्यार ही यार
ला...ला...ला...ला...

## सागर

**गीत** : जावेद अख्तर **संगीत** : आर.डी. बर्मन

हो चेहरा है या चांद खिला है
जुल्फ घनेरी शाम है क्या
सागर जैसी आंखों वाली
ये तो बता तेरा नाम है क्या
अरे तू क्या जाने तेरी खातिर
कितना है बेताब ये दिल
तू क्या जाने देख रहा है
कैसे-कैसे ख्वाब ये दिल
दिल कहता है तू है यहां तो
जाता लमहा थम जाए
वक्त का दरिया बहते-बहते
इस मंजर में जम जाए
तूने दीवाना दिल को बनाया
इस दिल पर इल्जाम है क्या
सागर जैसी...
हो आज मैं तुझसे दूर सही
और तू मुझसे अंजान सही
तेरा साथ नहीं पाऊं तो

खैर तेरा अरमान सही
हो ये अरमां है शोर नहीं हो
खामोशी के मेले हों
इस दुनिया में कोई नहीं हो
हम दोनों ही अकेले हों
तेरे सपने देख रहा हूं
और मेरा अब काम है क्या
सागर जैसी...

## वान्टेड

**गीत** : गीत अनजान **संगीत** : बप्पी लहरी

**किशोर**–याहू, याहू! हाय तुमसा नहीं देखा, दिल देके देखो
दीवाना दीवाना दिल तेरा दीवाना
**टीना मुनीम**– जंगली, जानवर, बद्तमीज
**किशोर**– अरे जंगली कहो, कहो मुझे जानवर
कह लो मुझे बद्तमीज, तुमसा नहीं देखा.....
पलट–ओ कश्मीर की कली
मेरा दिल चुरा के कहां चली, मुझे समझ ना बंडलबाज
मार न ऐसे ठोकर, प्यार का मैं प्रोफेसर
आजा सिखा दूं प्यार का अन्दाज, मैं कोई मुजरिम नहीं
प्रिंस नहीं मैं प्रीतम हूं, दिल का हूं राजकुमार
**टीना**– जा, जा बल्फ मास्टर
**किशोर**– हाय तुमसा नहीं देखा, ओम हरि ओम्
ये है सच्चाई, था मैं ब्रह्मचारी
हाय किस मोड़ पे, तू गई मिल
ये है ऊपर की तीसरी मंजिल
जवां मुहब्बत को तड़पे दिल, आहिस्ता आहिस्ता ये
दिल में अरमां क्या जागे, लगा दिया तूने प्रेम रोग
**टीना**– अरे जा पगला कहीं का
**किशोर**– हाय तुमसा नहीं देखा
**टीना**– हाय डार्लिंग तुम से अच्छा कौन है
**किशोर**– हे हे हे हे, हो याअल्ला याअल्ला दिल ले गई
लाल छड़ी मैदान खड़ी
बार बार देखो हजार बार देखो

मुहब्बत नई ये नया प्यार देखो
गोविन्दा आला रे आला, प्यार झाला रे झाला
गोविन्दा आला रे, प्यार झाला रे....

## दफा 302

**गीत** : इन्दीवर **संगीत** : कल्याणजी आनंदजी

तू मेरा राम मैं लखन तेरा
तेरी सेवा के लिए जीवन मेरा
सारे जहां से क्या मुझको काम
तू मेरा राम...
किसी की कमी दिल में मानी नहीं
पिता की जुदाई भी जानी नहीं
तेरी बांहों में झूला बचपन मेरा
तू मेरा राम....
तेरा पसीना गिरेगा जहां
बहा दूंगा अपना लहू मैं वहां
मेरा वही दुश्मन जो दुश्मन तेरा
तू मेरा राम...
सदा मेरे सिर पे रहे तेरी छांव
वही मेरा तीरथ जहां तेरे पांव
मेरे लिए गीता है वचन तेरा
तू मेरा राम...

## दीदार

**गीत** : वर्मा मलिक **संगीत** : ऊषा खन्ना

जी भर के देख लूं मैं तुम्हें जुल्फें इधर कर लो
सारा जहां है इधर तुम नजर इधर कर लो
सुर्खी तेरे रुखसार पे बदलेगी रंग बहार के
महक उठी फिजायें भी जुल्फ तेरी संवार के
अपनी हया की शोखियां, अब तो इधर कर लो
सारा जहां...
भीगे लिबास में लगता है बदन जैसे गुलाब हो
शीशे की पालकी में कोई जैसे भरा शराब हो

आंखों में आंखें डालकर, दिल पर असर कर लो
सारा जहां...
तेरी अदा को छू सकूं ये मेरी क्या मजाल है
जीता हूं इस उम्मीद पर कि तुझको मेरा ख्याल है
उल्फत की राहों पे सनम मिलकर सफर कर लो
सारा जहां...

## स्वर्ग से सुन्दर

**गीत** : आनन्द बक्शी **संगीत** : लक्ष्मीकांत प्यारेलाल
**सहगायिका** : आशा

माता प्रकट हो दूर संकट हो
हो देवी माता रानी तूने सबकी मानी
हम पे भी हो जाए तेरी मेहरबानी
ओ देवी माता रानी...मानी हमपे तेरी मेहरबानी...
ओ देवी माता रानी
माता तू महान है...ममता की पहचान है
लेना तेरी शान नहीं देना तेरी शान है
टूट न जाए आज ये तेरी रीत पुरानी
ओ देवी माता रानी...
तेरे द्वारे मैंने दीपक दिन रात जलाए हैं
इसलिए क्या माता तूने मेरे हाथ जलाए हैं
सुन ले माता तू मेरी ये अनकही कहानी
ओ देवी माता रानी...
तेरे मंदिर से हम खाली हाथ न जाएंगे
तेरी चौखट पर सर टकरा-टकरा के मर जाएंगे
जान के बदले देंगे हम जान की कुरबानी
ओ देवी माता रानी
तूने सबकी मानी
हम पे भी हो जाए
हम पे भी हो जाए
तेरी मेहरबानी
ओ देवी माता रानी....

# हाथ की सफाई

**गीत** : गुलशन बावरा **संगीत** : कल्याणजी आनन्दजी

पीने वालों को पीने का बहाना चाहिए
देवदास मितवा गाओ, चन्द्रमुखी के पास आओ
चन्द्रमुखी हो या पारो, की फर्क पैन्दा है यारों
चन्द्रमुखी हो या पारो, फर्क नहीं है कुछ यारों
यारों को तो जीने का बहाना चाहिए
पीने वालों को ....
दो हफ्ते इस गम में पी के बिछड़ा है दिलदार मेरा
दो हफ्ते इस खुशी में पी के मुझको मिला प्यार तेरा
पीना लेकिन कम, खुशी हो या गम
खूब पीयेंगे हम, ठर्रा हो या रम
अरे पी के महीना यूं बिताना चाहिए
पीने वालों को ...
तुझे कसम प्यार की ऐसे न मुझको सजा दे
खाली है बोतल तो क्या, मुझको आंखों से थोड़ी पिला दे
मेरी आंखों से तू पी और ऐसे ही तू जी
ऐसे ही जीऊंगा लेकिन मैं पीऊंगा, क्योंकि
जीने का मजा तो कुछ आना चाहिए
पीने वालों को पीने का...

# पोंगा पंडित

**गीत** : राजेन्द्र कृष्ण **संगीत** : लक्ष्मीकांत प्यारेलाल

बोल सियावर रामचन्द्र की जय
पवन सुत हनुमान की जय
हर हर महादेव की जय
पार्वती के पति भगवती जी पांडे की जय
गंगा घाट का पानी पिया है...
प्यार की बानी बोलने वाला
बन गया एक तमाशा
इस दुनिया में तो चलती है
बदले की इक ज्वाला
कौन है तोला कौन है माशा

ये भेद अभी समझा दूंगा
गंगा घाट का पानी पिया है...
दो शब्दों में कह देता हूं
इस दुनिया की कहानी
भोले तो जग को मूरख समझे
और चतुर को ज्ञानी
भोला हूं मैं निर्बल नहीं
दिन को भी तारे दिखला दूंगा
गंगा घाट का...

## एक जान हैं हम

**गीत** : अनजान **संगीत** : अनु मलिक

**सहगायिका** : आशा

**किशोर**– दिल लगाना तुम क्या जानो
दिल चुराना तुम क्या जानो
दिल लगाना हम तुमको सिखा देंगे
दिल चुराना तुमको हम सिखा देंगे तराना तराना

**आशा**– है है दिल लगाना हम जानते हैं जी
दिल लगाना हम जानते हैं जी
लड़कियों के पीछे-पीछे हां पीछे,
घूमते हो रात दिन यहां
प्यार क्या करोगे करोगे करोगे,
दिल तुम्हारे पास कहां

**किशोर**– छोड़ो छोड़ो छोड़ो
दिल यह चीज क्या है क्या है क्या है
यह तुम्हें अभी पता कहां, बांहों में तो आओ आओ आओ
जान जाओगी जाने जां जा जा जा जा
तुम अगर कहो तो, कहो तो, कहो तो
चांद तारे तोड़ लाएं हम
जान भी लुटा दें, लुटा दें, लुटा दें
आजमां के देख तो सनम

**आशा**– ना करो यह दावे, दावे यह दावे
जान क्या किसी पे दोगे तुम
जब घड़ी वह आई आई आई

भाग जाओगे दबा के दुम दुम दुम दुम
रोब हो जमाते जमाते जमाते
सब के सामने मिले जो हम
जब मिले अकेले अकेले अकेले, चूमते हुस्न के कदम
छोड़ो छोड़ो छोड़ो, होंगे वह दीवाने दीवाने दीवाने
हुस्न के जो चूम ले कदम
हमको जो झुका दे झुका दे झुका दे
किस हसीन में है इतना दम, दम दम दम
दिल लगाना तुम....

## आन मिलो सजना

**गीत** : आनन्द बक्शी **संगीत** : लक्ष्मीकांत प्यारेलाल

पलक से तोड़कर देखा सितारे लोग लाए हैं
मगर मैं वो नहीं लाया जो सारे लोग लाए हैं
कोई नजराना लेकर आया हूं मैं दीवाना तेरे लिए
आज छलका है खुशी से दिल का पैमाना तेरे लिए
कोई नजराना....
सभी के दिलों को ये धड़का रहा है
समां आज दिल पे गजल गा रही है
सारी रात गई है सबकी आंखें झुक गई हैं
तेरी महफिल में आया शायर कोई मस्ताना तेरे लिए
कोई नजराना....
तुझे दुश्मनों की नजर न लग जाए
रहें दूर तुझसे गम के साए
गुनगुनाए तू हमेशा मुस्कराए तू हमेशा
गुलशन बन जाए उम्मीदों का वीराना तेरे लिए
कोई नजराना...

## हरे राम हरे कृष्ण

**गीत** : आनन्द बक्शी **संगीत** : आर.डी. बर्मन

फूलों का तारों का सबका कहना है
एक हजारों में मेरी बहना है
सारी उम्र हमें संग रहना है
जब से मेरी आंखों से हो गई तू दूर
तब से सारे जीवन के सपने हैं चूर

आंखों में नींद न दिल में चैना है
एक हजारों में मेरी बहना है
देखो हम दोनों हैं इक डाली के फूल
मैं न भूला, तू कैसे मुझको गई भूल
आ मेरे पास आ, कह जो कहना है
सारी उम्र हमें संग रहना है
जीवन के दुःखों से यूं डरते नहीं हैं
ऐसे बच के सच से गुजरते नहीं हैं
सुख की है चाह तो दुख भी सहना है
एक हजारों में मेरी बहना है

## प्यार के काबिल

**गीत** : अनजान **संगीत** : बप्पी लहरी

रेड लाइट....रेड लाइट.....
रेड लाइट....नो ग्रीन लाइट....
रेड लाइट.....रेड लाइट.....
अरे हो प्यार के बदले में प्यार करो
प्यार पे जान निसार करो
यारों की खुशी में जो शामिल है
दिल वही प्यार के काबिल है
रेड लाइट....रेड लाइट
हर खतरा टल जाएगा
साथ जो आपका मिल जाए
एक मेहरबानी की नजर
अपना भी दिल खिल जाए
मिट जाए हर गम
यार का हरदम
तुम भी दीदार करो
रेड लाइट....रेड लाइट....
अरे हो....प्यार के बदले में....
अरे गाड़ी न लड़ जाए कहीं
किसी से आंख लड़ाना ना
मुमकिन है टकरा जाना
पीके कार चलाना ना

संभले जितनी उतनी तुम
रफ्तार करो
रेडलाइट....रेड लाइट...
पैदल चलने वालों पर
डाल नजर मत नफरत की
हम भी हैं इन्सान तुम जैसे
प्यास हमें भी चाहत की
हमसे भी तो हमदर्दी का
तुम इजहार करो....
रेड लाइट रेड.... लाइट....
अरे ओ.....प्यार के.....

## कुदरत

**गीत** : मजरूह **संगीत** : आर.डी. बर्मन

हमें तुमसे प्यार कितना, ये हम नहीं जानते
मगर जी नहीं सकते तुम्हारे बिना
हमें तुमसे प्यार...
सुना गम जुदाई का उठाते हैं लोग
जाने जिन्दगी कैसे बिताते हैं लोग
दिन भी यहां तो लगे बरस के समान
ये दिल बेकरार कितना ये हम नहीं जानते
मगर जी नहीं सकते तुम्हारे बिना
हमें तुमसे प्यार...
कोई तुम्हें देखे तो जलता है दिल
बड़ी मुश्किलों से फिर सम्भलता है दिल
क्या-क्या जतन करते हैं तुम्हें क्या पता
हमें इन्तजार कितना ये हम नहीं जानते
मगर जी नहीं सकते तुम्हारे बिना
हमें तुमसे प्यार...

## रोटी

**गीत** : आनन्द बक्शी **संगीत** : लक्ष्मीकांत प्यारेलाल

यार हमारी बात सुनो, ऐसा इक इन्सान चुनो
जिसने पाप न किया हो, जो पापी न हो

यार हमारी बात सुनो...
कोई है चालाक आदमी कोई सीधा-सादा
हममें से हर एक है पापी थोड़ा कोई ज्यादा
हो कोई मान गया रे कोई रूठ गया
हो कोई पकड़ा गया कोई छूट गया
यार हमारी बात सुनो...
इस पापिन को आज सजा देंगे मिलकर हम सारे
लेकिन जो पापी न हो वो पहला पत्थर मारे
हो पहले अपना मन साफ करो फिर औरों का इन्साफ करो
यार हमारी बात सुनो...

## डॉन

**गीत** : अनजान **संगीत** : कल्याणजी आनन्दजी

अरे दीवानो....मुझे पहचानो
कहां से आया मैं हूं कौन
अरे दीवानो....मुझे पहचानो
कहां से आया मैं हूं कौन
मैं हूं कौन.... मैं हूं कौन
मैं हूं मैं हूं मैं हूं कौन
डॉन डॉन डॉन डॉन डॉन
मैं हूं डॉन मैं हूं डॉन....
अरे तुमने जो देखा है
सोचा है, समझा है, जाना है,
वो मैं नहीं ... वो मैं नहीं
लोगों की नजरों ने
मुझको जहां जो भी माना है
वो मैं नहीं-वो मैं नहीं
आवारा बादल को....सौदाई पागल को
दुनिया में समझा है कौन
अरे दीवानो...मुझे पहचानो
जरा पहचानो-मैं हूं डॉन
अरे यारों का वो यार हूं
यारी पे ये जान लुटा दे जो
मैं हूं वही-अरे मैं हूं वही

दुश्मन का दुश्मन हूं मैं
दुश्मन के छक्के छुड़ा दे जो
मैं हूं वही–मैं हूं वही
तुम जानो न जानो-मैंने तो जाना है
महफिल में कैसा है कौन
अरे दीवानो–मुझे पहचानो
जरा पहचानो–मै हूं डॉन
अरे मैंने क्या सोचा है
क्या ख्वाब है मेरी आंखों में
तुम जानो ना–तुम जानो ना
चेहरे पे चेहरा है, परदे पे परदा है
दुनिया में समझा है कौन
अरे दीवानो मुझे पहचानो
जरा पहचानो–मैं हूं डॉन
मैं हूं डॉन मैं हूं डॉन
मैं हूं मैं हूं मैं हूं डॉन

## अगर तुम न होते

**गीत** : गुलशन बावरा **संगीत** : आर.डी. बर्मन

सच है ये कोई इल्जाम नहीं है
अरे सच है ये कोई इल्जाम नहीं है
कौन जो जोरू का गुलाम नहीं है
ये तो हर मर्द की है पहली खासियत
हां हां पहली खासियत जी हां पहली खासियत
दूजी का है चस्का तीजी पे है नियत
इसलिए अपने से डरता है वाह
दिलदार चापलूसी करता है वो
बदला उनका कोई काम नहीं है
कौन है जो जोरू का गुलाम....
जोरू की गुलामी में भी है आता मजा
क्या आता है मजा हां हां आता है मजा
पूछे कोई उनसे भी जिन्हें ये पता
जितना भी मस्का लगाने जाएंगे

उतना वह बन्दे सुख पाते जाएंगे
मस्के का यारों कोई काम नहीं है
कौन है जो जोरू का गुलाम नहीं है
अपनी तो दाल है पराई मुर्गी
हां फंसाई मुर्गी यह फंसाई मुर्गी
कुडू कुडू कुडू की आवाज जब आई
तो होने लगी घर में मियां की पिटाई
कई लंबू की पिटाई कई छोटू की पिटाई
कई दुर्बल की पिटाई कई हकलू की पिटाई
अरे ऐसे पिटना भी तो हराम नहीं है
कौन है जो जोरू का गुलाम नहीं है
सच है ये कोई इल्जाम नहीं है
बोलो कौन नहीं है जो जोरू का गुलाम....

## लावा

**गीत :** रविन्द्र **संगीत :** आर.डी. बर्मन

कुछ लोग मोहब्बत करके हो जाते हैं बरबाद
कुछ लोग मोहब्बत करके कर देते हैं बरबाद
किस नाम से याद करेंगे हम तुमको आज के बाद
इस खुदगरजी को देकर इक मजबूरी का नाम...
उल्फत के नाम को तूने कर डाला है बदनाम
ऊपर से भोले पंछी तुम अन्दर से सय्याद
कुछ लोग मोहब्बत करके हो जाते हैं बरबाद
इक रोज कहा था तुमने हमको अपना महबूब
महबूब बदलने का ये अन्दाज बहुत है खूब
इस बात पे हम खुश होकर देते हैं मुबारकबाद
कुछ लोग मोहब्बत करके हो जाते हैं बरबाद
चुप रहे जुबाने खंजर छुपता नहीं ये इल्जाम
लेता है लहू का कतरा कतरा कातिल का नाम
क्या चैन से जीने देगी तुमको मेरी फरियाद
कुछ लोग मोहब्बत करके हो जाते हैं बरबाद
कुछ लोग मोहब्बत करके कर देते हैं बरबाद

# कसौटी

**गीत :** वर्मा मलिक **संगीत :** कल्याणजी आनन्दजी

हम बोलेगा तो बोलेगा कि बोलता है
एक मेम साब है साथ में साब भी है
मेम साब सुन्दर है साब भी खूबसूरत हैं
दोनों पास-पास हैं बातें खास-खास हैं
दुनिया चाहे कुछ भी बोले हम कुछ नहीं बोलेगा
हम बोलेगा तो बोलोगे...
हमरा एक पड़ोसी है नाम जिसका जोशी है
वो पास हमरे आता है और हमको समझाता है
जब दो जवां दिल मिल जाएंगे, तब कुछ न कुछ तो होगा
दो से चार हो सकते हैं, आठ से साठ हो सकते हैं
जो करता है सो पाता है अरे अपने बाप का क्या जाता है
जोशी पड़ोसी कुछ भी बोले हम कुछ नहीं बोलेगा
हम बोलेगा तो बोलोगे...
मेरी बुढ़िया नानी थी लेकिन बड़ी सयानी थी
गोदी में मुझे बिठाती थी और सच्ची बात सुनाती थी
अब साल सतरवां लागेगा दिल धड़क धड़क तो करेगा
किसी सुन्दरी से नैनवां मिलेगा,
तो दिल खुसर पुसर भी करेगा
जब आग से न घी से हमको क्या किसी से
नानी चाहे कुछ भी बोले हम कुछ नहीं बोलेगा
हम बोलेगा तो बोलोगे के बोलता है....

# वो सात दिन

**गीत :** आनन्द बक्शी **संगीत :** लक्ष्मीकांत प्यारेलाल

मेरे दिल से दिल्लगी न कर
दिल धड़क गया तो क्या होगा
हल्का सा बीच में परदा है
ये सरक गया तो क्या होगा
मेरे दिल से दिल्लगी न कर, मेरे दिल...
मन पापी है तन घायल है
छम-छम के चल पग पायल है

तेरी पायल का कोई घुंघरू
जो छनक गया तो क्या होगा
मेरे दिल से दिल्लगी न कर
मत छेड़ो तुम हम दीवानों को
हम छेड़ न दें अरमानों को
दिल शीशा है दिल गुमचा है
ये चटक गया तो क्या होगा
मेरे दिल से दिल्लगी न कर
आसान न कर मुश्किल मेरी
है दूर अभी मंजिल मेरी
अपने रस्ते से ये राही जो भटक गया तो क्या होगा
मेरे दिल से दिल्लगी न कर...

## जमीर

**गीत** : साहिर **संगीत** : सपन चक्रवर्ती

जिन्दगी, हंसने गाने के लिए है पल दो पल
इसे खोना नहीं, खोके रोना नहीं
जिन्दगी...
तेरे गिरने में भी तेरी हार नहीं
के तू अदमी है अवतार नहीं
जो हो देस वो भेष बना प्यारे
चले जैसे भी काम चला प्यारे
प्यारे तू गम न कर
जिंदगी...
जहां सच न चले वहां झूठ सही
जहां हक न मिले वहां लूट सही
यहां चोर हैं सब कोई साधु नहीं
सुख ढूंढ ले सुख अपराध नहीं
प्यारे तू गम न कर जिन्दगी, हंसने गाने के लिए
है पल दो पल
इसे खोना नहीं खो के रोना नहीं
जिन्दगी, हंसने-गाने के लिए....

# मुकद्दर का फैसला

**गीत** : प्रकाश मेहरा **संगीत** : बप्पी लहरी

कोई बात करे है बरसों की
कोई बात करे कल परसों की
पर भाई मेरे सच तो है ये
ना कल का पता ना पल का पता
ना कल का पता ना पल का पता
फिर सोच रहा क्यों बरसों की
फिर सोच रहा क्यों बरसों की
जो अपनी किस्मत का लेखा है
किसने पढ़ा किसने देखा है
हाथों में किस्मत जो पढ़ता है
झूठी कहानी जो गढ़ता है
इन्सां का कहा, सच कब है हुआ
ना कल का पता ना पल का पता
ना कल का पता ना पल का पता
फिर सोच रहा क्यों बरसों की
फिर सोच रहा क्यों बरसों की
ये वक्त हर पल बदलता है
सुख दुख के सांचे में ढलता है
छोड़ा नहीं वक्त ने राम को
फिर आदमी का क्या अन्जाम हो
कब जाने कहां, क्या होगा यहां
ना कल का पता ना पल का पता
फिर सोच रहा क्यों बरसों की
फिर सोच रहा क्यों बरसों की

# अन्दाज

**गीत** : हसरत **संगीत** : शंकर–जयकिशन

जिन्दगी, इक सफर है सुहाना
यहां कल क्या हो, किसने जाना
चांद तारों से चलना है आगे
आसमानों से बढ़ना है आगे

पीछे रह जाएगा ये जमाना
यहां कल क्या हो, किसने जाना...
जिंदगी, इक सफर...
हंसते, गाते, जहां से गुजर
दुनिया की तू, परवाह ना कर
मुस्कराते हुए दिन बिताना
यहां कल क्या हो, किसने जाना
जिंदगी, इक सफर...
मौत आनी है, आएगी इक दिन
जान जानी है, जाएगी इक दिन
ऐसी बातों से क्या घबराना
यहां कल क्या हो, किसने जाना
जिंदगी एक सफर...

## नसीब

**गीत** : आनन्द बक्शी **संगीत** : लक्ष्मीकांत-प्यारेलाल

जॉन जॉनी जनार्दन
तर रम पम पम पम पम
साहिब ने बुलवाया, हाजिर हूं, मैं आया
हूं यारों का मैं यार दुश्मनों का दुश्मन
दे दनादन
जॉन जॉनी जनार्दन...
ये तीनों नाम हैं मेरे
अल्ला जीसस राम हैं मेरे
जिस नाम से जो भी चाहे
जो चाहे मुझे बुलाए
जिसने जो फरमाया जो मांगा मैं लाया
हूं यारों का मैं यार दुश्मनों का दुश्मन
दे दनादन
जॉन जॉनी जनार्दन...
ये फिल्मों के सितारे
देखो निकले चमकते तारे
ये सबका दिल बहलाएं
हीरोइन से टकराया

हीरो को गुस्सा आया
हूं यारों का मैं यार दुश्मनों का दुश्मन
मस्त दनादन
जॉन जॉनी जनार्दन...
अंग्रेजी हो ग्रेट या हो देशी
फिल्में सभी मैंने देखीं
हर पिक्चर देख के सोचा
मैं भी एक्टर बन जाऊं
किस्मत ने घुमाया
हूं यारों का मैं यार दुश्मनों का दुश्मन
दे दनादन
जॉन जॉनी जनार्दन
तर रम पम पम पम पम...

## शान

**गीत** : आनन्द बक्शी **संगीत** : आर.डी. बमन

**सहगायक** : रफी व आशा

**किशोर–** जानू मेरी जान मैं तेरे कुर्बान
मैं तेरा तू मेरी जाने सारा हिन्दुस्तान
**रफी–** जानू मेरी जान मैं तेरे कुर्बान
मैं तेरा तू मेरी जाने सारा हिन्दुस्तान
गुस्से से है प्यार बड़ा प्यार से ऐतबार
जब आ जाए आ जाना मैं करूंगा इन्तजार
गुस्से से है...
जब आ जाए...
**किशोर–** अरे जानू मेरी जान
अरे मैं तेरा तू मेरी...
अरे मैं तेरा तू मेरी...
नजरों से ना तोल मुझे दिल से काम ले
तू जिसकी वो तेरे बिन क्यों किसी का
नाम ले
नजरों से ना तोल
**रफी–** जानूं मेरी जान...
अरे मैं तेरा तू मेरी...

छोटी सी इक बात बनी बात से दास्तान

**किशोर–** भूल के सब बात हंसते हैं यही प्यार की शान

**रफी–** छोटी सी इक बात...

**किशोर–** भूल के सब बातें...

**आशा–** जानूं मेरी जान मैं तेरे कुर्बान
तू मेरा मैं तेरी जाने सारा हिन्दुस्तान...

# अंगारे

**गीत** : आनन्द बक्शी **संगीत** : चित्रगुप्त

**सहगायिका** : लता

**किशोर–** तंग मैं आ गया हूं जवानी से
पास आओ बड़ी मेहरबानी से,

**लता –** तंग मैं आ गई इस कहानी से,
दूर जाओ जरा मेहरबानी से,

**किशोर–** आग लगा के, दिल में समा के
देखो ऐसे न हंसो तीर चला के
सुनो समझो मेरी बात जी
जरा दिल पे रख दो हाथ जी
आग बुझती नहीं दिल की पानी से

**लता –** दर्द लिया है, दिल जो दिया है,
तुमने अपना खुद ये हाल किया है,
बहानों से तुम मत काम लो,
हाथ न थाम लो बेइमानी से,
हाथ पकड़ लो मान भी जाओ
बातों बातों में सनम रूठ गए हो

**किशोर–** मेरे दिल की दुनिया खिल गई
मुझे सारी दुनिया मिल गई
और मांगू मैं क्या जिन्दगानी से।

# नौ दो ग्यारह

**गीत** : मजरूह **संगीत** : एस.डी. बर्मन

**सहगायिका** : आशा

किशोर– आंखों में क्या जी?

आशा– रूपहला बादल

किशोर– बादल में क्या जी?
आशा– किसी का आंचल
किशोर– आंचल में क्या जी?
आशा– अजब सी हलचल
दोनों – आंखों में क्या जी?
आशा– रंगीं है मौसम
किशोर– तेरे दम की बहार है
आशा– फिर भी है कुछ कम
किशोर– बस तेरा इन्तजार है
आशा– देखने में भोले हो पर हो बड़े चंचल
किशोर– आंखों में क्या जी...
आशा– झूमे लहराएं
किशोर– नैना मिल जाएं नैन से
आशा– साथी बन जाएं
किशोर– रस्ता कट जाए चैन से
आशा– देखने में भोले हो पर हो बड़े चंचल
किशोर– आंखों में क्या जी...

## शराबी

**गीत** : प्रकाश मेहरा **संगीत** : बप्पी लहरी

हम बन्दे हैं प्यार के मांगें सबकी खैर
हां, अपनी सबसे दोस्ती नहीं किसी से बैर
ओ दे दे प्यार दे दे दे प्यार, प्यार दे, प्यार दे दे
दुनिया वाले कुछ भी समझें हम हैं प्रेम दीवाने
जहां भी जाएं तुझे पुकारे गा के प्रेम तराने
दे दे प्यार दे.....
आने को तो रोज हैं आते सूरज चांद सितारे
हो फिर भी अन्धेरी है ये दुनिया तू ही राह दिखा रे
प्रेम प्यार सुख चैन की बरखा तेरी नजर से बरसे
ये दुख दर्द की आग बुझे कोई दिल ना प्यासा तरसे
दे दे प्यार दे.....
यहां दिलों के बीच खड़ी जो वो दीवार गिरा दे
हो दिल में सोई-सोई ऐसी प्यार की जोत जगा दे

प्यार हो दिल में तो लगती है सारी दुनिया प्यारी
हम सारी दुनिया के हैं सारी दुनिया हमारी
दे दे प्यार दे....
प्यार दे दे हमें प्यार दे दे....

## रिमझिम

**गीतः** भरत व्यास **संगीत** : पंडित खेमचन्द्र प्रकाश

जगमग-जगमग करता निकला चांद पूनम का प्यारा
मेरी चांदनी बिछुड़ गई मेरे घर में हुआ अंधियारा
जगमग जगमग करता निकला...
ये मदमाती रात, ये ठंडी-ठंडी हवा के झोंके
तेरे बिना मेरे सूने जिगर में बिरहा की अगनी फूंके
झिलमिल-झिलमिल तारे दमकते जगमग है जग सारा
मेरी चांदनी बिछड़ गई मेरे घर में हुआ अंधियारा
जगमग-जगमग करता निकला...
चांद की शीतल-शीतल किरणें बिरहा के बान चलाएं
रात चांदनी जिया जलाए अंग में आग लगाए
ये बसंत की रात है मुझको जैसे कोई अंगारा
मेरी चांदनी बिछड़ गई मेरे घर में हुआ अंधियारा
जगमम-जगमग करता निकला...

## घर संसार

**गीत** : इन्दीवर **संगीत** : राजेश
**सहगायक** : अजीज-अलका

किशोर– जीवन के रास्ते में
जीत उनकी जो चलते हैं
हिम्मत से ही मेहनत से ही
तो भाग बदलते हैं
भगवान है तेरे साथ, रहमान है तेरे साथ
जिसने के आंसुओं को
खुद कर दिया पसीना
यारों उसी ने सीखा
इस जिन्दगी को जीना-2

कोरस – भगवान है तेरे साथ, रहमान है तेरे साथ
जीवन..........बदलते हैं

अलका– रफ्तार रहे कायम रफ्तार जिन्दगानी
पावन है पानी कब तक
जब तक रहे रवानी–2
भगवान है तेरे साथ, रहमान है तेरे साथ
जीवन........बदलते हैं

अजीज– ताकत है हौसले में
इन्सान से भी ज्यादा
टूटे भले ही सांसें
टूटे न पर इरादा
भगवान है तेरे साथ, रहमान है तेरे साथ
जीवन के रास्ते में
जीत उनकी जो चलते हैं
हिम्मत से ही, मेहनत से ही
तो भाग बदलते हैं

# आल राउन्डर

**गीत** : आनन्द बक्शी **संगीत** : लक्ष्मीकांत प्यारेलाल

ओ रे बबुआ....ओ रे भैया
पवन पुरवइया चले–दुख सुख की मौजों पे
जीवन की नैया चले....पवन पुरवइया
पवन पुरवइया चले....पवन....
तू मेरी रातों का सवेरा
तू आए तो जाए अन्धेरा
तुम बिन मेरा न कोई तू ही तो सब कुछ है मेरा
आंख से बरसे छम छम पानी सीने में आग जले
पवन पुरवाइया.....पवन पुरवइया चले....
ओ रे बबुआ.....ओ रे मितवा
हो दिन भी डूबा शाम भी डूब गई
आंखों में सारी रात निकल गई
तेरी न आई कोई खबरिया मेरी जीते जां निकल गई
मैंने देखे जितने सपने झूठे वो सब निकले

पवन पुरवइया.... पवन पुरवइया चले....
ओ रे बबुआ....ओ रे मितवा....
कौन सा मुझसे वादा टूटा हाथ से तेरा हाथ जो छूटा
भूल भई क्या अंजाने में मेरा मुन्ना मुझसे रूठा
जोड़ के हाथ मैं माफी मांगू आ लग जा गले
पवन पुरवइया....पवन पुरवइया चले....
ओ रे बबुआ....ओ रे मितवा.....ओ रे भैया

## आपकी कसम

**गीत** : आनन्द बक्शी **संगीत** : आर.डी. बर्मन

**सहगायिका** : लता

**किशोर–** जय-जय शिव शंकर कांटा लगे ना कंकर
कि प्याला तेरे नाम का पिया
**लता–** गिर जाऊंगी मैं मर जाऊंगी
जो तूने मुझे थाम ना लिया
ओ सौं रब दी
**किशोर–** जय-जय शिव शंकर...
**लता–** एक के दो, दो के चार मुझको तो दिखते हैं
**किशोर–** ऐसा ही होता है जब दो दिल मिलते हैं
**लता–** सर पे जमीं पांव के नीचे है आसमां
ओ सों रब दी
**किशोर–** ओ सों रब दी, जय-जय शिव शंकर...
**लता–** कन्धे पर सर रखकर तू मुझको सोने दे
**किशोर–** मस्ती में जो चाहे हो जाए होने दे
**लता–** ऐसे में तुम हो गए हो बड़े बेईमां
ओ सौं रब दी
**किशोर–** जय-जय शिव शंकर...
**लता–** ओ सौं रब दी
रस्ते में हम दोनों घर कैसे जाएंगे
**किशोर–** घर वाले खुद हमको अब लेने आएंगे
कुछ भी हो लेकिन मजा आ गया मेरी जां
ओ सौं रब दी

## ओ बेवफा

**गीत** : सावन **संगीत** : वेदपाल

अरे देखली तेरी बम्बई रोज मुसीबत यहां नई
पत्थर दिल इन्सान यहां जाने मोहब्बत कहां गई
अरे देखली...
जितने हैं दौलत वाले यहां बम्बई है जन्नत उनके लिए
सामान है दिल बहलाने को मजबूरी की इज्जत उनके लिए
इन इज्जत लूटने वालों की जाने इज्जत कहां गई
अरे जाने इज्जत कहां गई, अरे देखली
वो ताज आगरे का हमको देता है मोहब्बत का पैगाम
महौल तेरा ए बम्बई करता है उल्फत को बदनाम
अपनी बीवी गैर की बांहें जाने गैरत कहां गई
हाय जाने गैरत कहां गई, अरे देखली
प्यार सभी करते हैं यहां पर दिल में किसी के प्यार नहीं बस वफा की बातें करते हैं पर कोई किसी का यार नहीं
बेवफा है क्यों सब लोग यहां जाने मुरब्बत कहां गई
जाने मुरब्बत कहां गई, अरे देखली--

## निशाना

**गीत** : आनन्द बक्शी **संगीत** : लक्ष्मीकांत प्यारेलाल

कितनी दर्द भरी...हो कितनी दर्द भरी
जिसकी सुबह नहीं, ये वह रात है,
ओ कितनी...
आंखों में आंसू दिल में यादों की बारात है,
कितनी....
आया सावन बीत गया, हो गई चोट पुरानी
एक बिरहन की आंखों से, अब तक बरसे पानी
जाने यह कैसी बरसात है,
कितनी....
आया सावन बीत गया, हो गई चोट पुरानी
एक बिरहन की आंखों से, अब तक बरसे पानी
जाने यह कैसी बरसात है,
कितनी....
क्या मौसम क्या चांदनी, क्या पंछी, क्या साए

ना कोई आये यहां, ना कोई यहां से जाये, छाई घोर उदासी
मां की ममता प्यासी, कौन सुने फरियादें
दिल तड़पायें यादें, सुनकर 'यह पुकारे, रोती हैं दीवारें
काश कोई तो होता, मेरे साथ जो रोता
एक अकेलापन, मन के साथ है,
कितनी....

## दिलजला

**गीत** : प्रदीप **संगीत** : बप्पी लहरी

मेरे मुन्ना
मेरे चन्दा
सुन्दर राजकुमार
जब से तू आया मेरे द्वार....
मुझे को बदला बदला सा....
लगता है सारा संसार
मेरे सन्नाटे में लाडले तू इक सरगम है
मैं तो केवल अन्धकार हूं तू इक पूनम है
तू आया मेरे उजड़े घर में बन के बसंत बहार
तुझे देख मेरा मन करता है....
मैं बालक बन जाऊं....
जा के किसी की सूनी गोद में
चुप के से सो जाऊं....
तुझ को देख मुझे याद आ गया
इक माता का प्यार....इक माता का प्यार....

## दिलजला

**गीत** : अनजान **संगीत** : बप्पी लहरी

इतना हसीं
चेहरा तेरा
बस में नहीं
दिल ही मेरा
माफ करना जो भूल हो जाए....
प्यार की जब कोई बात चली तुम याद आए
पास हो जब तक जिन्दा है तब तक

तुझ से बिछड़ कर मर जाएंगे
जान तुम्हारी अब है हमारी
तुम बिन हम ना जी पाएंगे....
क्या कहा जाना हाय मरजावां
माफ करना जो भूल हो जाए....
तारों की बारात चली तुम याद आए....
जब सिन्दूरी सांझ ढली तुम याद आए....
प्यार की जब कोई बात चली तुम याद आए
प्यार का जादू छाने लगा है....
जिसका डर वही बात हुई है....
क्या होगा अन्जाम ना सोचो....
चाहत की शुरुआत हुई है
पागल मौसम तन्हा तुम हम....
माफ करना जो भूल हो जाए....
तन में कोमल अगन जली, तुम याद आए....
जब सिन्दूरी सांझ ढली तुम याद आए...
इतना हसीं चेहरा तेरा बस में नहीं...
दिल ही मेरा

## अभिमान

**गीत** : मजरूह **संगीत** : एस.डी. बर्मन

मीत ना मिला रे मन का
कोई तो मिलन का करो रे उपाय
चैन नहीं बाहर चैन नहीं घर में
मन मेरा धरती पर और कभी अम्बर में
उसको ढूंढ़ा हर नगर में हर डगर में
गली-2 देखा नयन उठाए मीत ना मिला रे
रोज मैं अपने प्यार को समझाऊं
वो नहीं आएगा, मान नहीं पाऊं
शाम से ही प्रेम का दीपक मैं जलाऊं
फिर वही दीपक रहा मैं बुझाय मीत ना मिला रे....
देर से मन मेरा आस लिए डोले
प्रीत मेरा पानी साज मेरा बोले
कोई सजनी एक खिड़की भी न खोले
लाख तराने रहा मैं सुनाय मीत ना मिला रे...

# अन्नदाता

**गीत** : योगेश **संगीत** : सलिल चौधरी

गुजर जाए दिन दिन दिन कि हर पल गिन-गिन-गिन
किसी की हाय याद में
किसी की हाय बातों में किसी से मुलाकातों में
कि ये सिलसिले जब से चले ख्वाब मेरे हो गए रंगीन
रहे न दिल बस में ये न माने कोई रस्में ये
कि खाऊं मैं तो कसमें ये उन्हें है पता
कि जग चाहे रूठे ये कि जग चाहे छूटे ये
नाता नहीं टूटे ये हाय गुजर जाए दिन
कभी यह मेरा मन चाहे फूलों के जहां हो साए
जहां पे हर दिल गाए धुन प्यार की
जमाने चाहे हो जायें वहीं पे जाके सो जायें
वहीं पै जाके खो जायें हाय गुजर जाए दिन

# फिल्म सुर्खियां

**गीत** : बसंत देव **संगीत** : वनराज भाटिया

दिलो दिमाग को रो लूंगा आह भर लूंगा
तुम्हारे इश्क में सब कुछ तबाह कर लूंगा
जो मुझसे कर दिया मेहमरूम आसमान मुझे
मैं अपनी उम्र के सर्फे गुनाह कर लूंगा
तेरे होठों का अमृत जब ना मिला
जहर हम पीने लगे पीने लगे
शराफत न आई किसी काम जब
गुनाहों में जीने लगे जहर हम पीने लगे
हो साकी है तैयार कब उसको इन्कार
बढ़ के उठा ले तू प्याला
इस बन्द बोतल की जिसकी मिलेगी में
होगा वो तकदीर वाला अरे होगा वो तकदीर वाला
ऐसे ही वादों ने वादों की यादों ने
हमको तबाह कर डाला
तेरे होठों का अमृत जब ना मिला
जहर हम पीने लगे पीने लगे हो पीने लगे

है किस्से वफाओं के अरे चर्चे अदाओं के
सुनते रहे दास्तां में
हो जो वफादार ऐसा कोई यार
अब तक मिला न जहां में 2
शिकवा है ये कैसा हर फूल एक जैसा
होता नहीं गुलिस्तां में
झूठी शिकायत ये झूठा गिला
जहर तुम पीने लगे पीने लगे
शराफत ना आई किसी काम जब
गुनाहों में जीने लगे -2
जहर हम पीने लगे
तेरे होठों का अमृत जब ना मिला
जहर हम पीने लगे पीने लगे

## डॉन

**गीत** : अनजान **संगीत** : कल्याण आनन्दजी

**सहगायिका** : लता

**लता**– जिसका मुझे था इन्तजार
जिसके लिए दिल था बेकरार
वो घड़ी आ गई आ गई
आज प्यार में हद से गुजर जाना है
मार देना है तुझको या मर जाना है
मुझपे क्या गुजरी तू क्या जाने
तू क्या समझे ओ दीवाने
लेके रहूंगी बदला तुझसे
आई हूं दिल की आग बुझाने
ओ कातिल मेरी नजरों से बचके कहां जाएगा
दिया है जो मुझको वही तू मुझसे पाएगा
वो घड़ी आएगी, आएगी...
तीर बनके जिगर में उतर जाना है
मार देना...

**किशोर**– जादू तेरा किसपे चला
होगा किसी दिन ये फैसला
वो घड़ी आएगी, आएगी

जाना तूने अभी ये कहां जाना है
किसे जीना है और किसको मर जाना है
वो घड़ी आएगी, आएगी...
होगा तेरा आशिक जमाना
औरों का दिल होगा तेरा निशाना
नाज न कर यूं तीरे नजर पे
आए हमें भी तीर चलाना
जो हैं खिलाड़ी उन्हें खेल हम दिखाएंगे
अपने ही जाल में शिकारी फंस जाएंगे
वो घड़ी आएगी, आएगी...
वक्त आने पे तुझको ये समझाना है
मार देना...

# अतिथि

**गीत** : इन्दीवर  **संगीत** : कल्याणजी आनंदजी

**सहगायिका : लता**

**लता—** गा के जिओ तो गीत है ये जिन्दगी
रोके जिओ तो रोना है
हम क्यों सोचें कल क्या होगा, होगा वही जो होना है
गाके जीओ तो गीत है ये जिन्दगी....

**किशोर—** एक दिन आये एक दिन जाए
दो दिन में सौ रंग दिखाए, शाम संवेरे ये सांसों के
दीप जलाए दीप बुझाए, इस जीवन में क्या जाने कब
क्या पाकर क्या खोना है

**लता—** गाके जियो तो गीत है ये जिन्दगी...

**किशोर—** बिना बोले ये मौसम बदले
मौसम की ये सरगम बदले
आंचल महके काजल बहके
ये पायल की छमछम बदले
दिल छूकर जो दिल बदले वो मौसम बड़ा
सलोना है...

**लता—** गाके जिओ तो गीत है ये जिन्दगी
रात अन्धेरी सुबह सिंदूरी पर दोनों में क्या है दूरी
मन का धीरज टूटे ना तो पूरी हो पर आस अधूरी

सुख दु:ख के फूलों से हमको जीवन हार पिरोना है

**दोनों–** गाके जिओ तो गीत है ये जिन्दगी
रोके जिओ तो रोना है
हम क्यों सोचें कल क्या होगा
होगा वही जो होना है गाके जिओ

## पोंगा पण्डित

**गीत** : आनन्द बक्शी **संगीत** : शंकर–जयकिशन

**सहगायिका** : आशा

**आशा–** जीजाजी, जीजाजी मेरी जीजी है अनाड़ी
इसे प्यार सिखलाइयो ओ ओ

**किशोर–** साली जी साली जी जब मैं प्यार सिखलाऊं
तुम दूरदूर रहियो ओ ओ

**आशा–** भोली भाली मेरी जीजी प्यार व्यार ना जाने
अपने आपको कुछ ना समझे तुमको स्वामी माने
स्वामी जी स्वामी जी ये तो बड़ी नटखट है
जीजाजी जीजाजी...

**किशोर–** तू तो बायां अंग है मेरा
तू दीपक मैं बाती
तेरा मेरा धर्म का नाता फिर काहे शरमाती
सजनी जी, सजनी जी जो हुआ सो हुआ
अब और न तरसाइयो

**आशा–** जीजाजी...
छोटी साली का ये हक है रंग में भंग मिलाए
चुप री अपने जीजाजी से लाज तुझे ना आए

**किशोर–** देवीजी, देवीजी
अब इसके भी हाथ कहीं पीले करवाइयो

## दोस्ताना

**गीत** : आनन्द बक्शी **संगीत** : लक्ष्मीकान्त प्यारेलाल

बहुत खूबसूरत जवां एक लड़की
सड़क पर अकेली चली जा रही थी
फकत नाम को उसने पहने थे कपड़े
अजन्ता की मूरत नजर आ रही थी

कोई मनचला उससे टकरा गया
मेरे दोस्तों तुम करो फैसला
खता किसकी है किसको दें हम सजा
मेरे दोस्तों....खता किसकी है किसको दें हम सजा
हुआ हादसा जो वो कैसे ना होता
के बनके कयामत वो निकली थी घर से
न देखे कोई तो शराफत है उसकी
जो देखे तो कुछ भी छुपे ना नजर से
कोई दिल जला मुफ्त मारा गया
मेरे दोस्तो तुम करो फैसला, खता किसकी...
हसीं तो हमेशा हसीं थे मगर, कभी रास्तों पे निकलते न थे
बदलते थे वो भी कई रूप लेकिन
नये रोज फैशन बदलते न थे, वो बदलते न थे
गया एक तो दूसरा आ गया
मेरे दोस्तों तुम करो फैसला, खता किसकी है....

## मनमौजी

**गीत** : राजेन्द्र कृष्ण **संगीत** : मदन मोहन

जरूरत है जरूरत है सख्त जरूरत है
जरूरत है जरूरत है जरूरत है
एक श्रीमती की, कलावती की
सेवा करे जो पति की
जरूरत है जरूरत है, जरूरत है...
हसीं हजारों भी हों खड़े
मगर उसी पर नजर पड़े
हों जुल्फ गालों से खेलती
कि जैसे दिन रातों से जड़े
अदाओं में बहार हो
निगाहों में खुमार हो
कबूल मेरा प्यार हो तो क्या बात है
जरूरत है, जरूरत है, जरूरत है
एक कलावती की...
झपट के कितने भी दांव चले
तो पूछते हो कहां चले

प्यार से जो मान ले
हंसके सलाम ले
वो हाथ मेरा थाम ले तो क्या बात है
जरूरत है जरूरत है, जरूरत है...

## जॉनी मेरा नाम

**गीत** : इन्दीवर **संगीत** : कल्याणजी आनन्दजी

पल भर के लिए कोई हमें प्यार कर ले झूठा ही सही
दो दिन के लिए कोई इकरार कर ले झूठा ही सही
हमने बहुत तुझको छुप-छुप के देखा
दिल पे खिंची है तेरे काजल की रेखा
काजल की रेखा बनी लक्ष्मण की रेखा
राम में क्यों तुमने रावण को देखा
खड़े खिड़की पे जोगी स्वीकार कर ले झूठा ही सही...
हीरे से जड़े तरे नैन बड़े जिस दिन से लड़े तेरे दर पे खड़े
सुन सुनकर तेरी नहीं 2 जां अपनी निकल जाए न कहीं
जरा हां कहदे मेरी जां कहदे मेरी जा कहदे जरा हां कहदे
जब रैन पड़े नहीं चैन पड़े नहीं चैन पड़े जब रैन पड़े
माना तू सारे हसीनों से हसीं है
अपनी भी सूरत बुरी तो नहीं है
कभी तू भी हमारा दीदार कर ले झूठा ही सही
पल भर के प्यार पर निसार सारा जीवन
हम वो नहीं जो छोड़ दें तेरा दामन
अपने होंठों की हंसी हम तुझको देंगे
आंसू तेरे अपनी आंखों में लेंगे
तू हमारी वफा का एतबार कर ले
झूठा ही सही
पल भर के लिए....

## प्यार के काबिल

**गीत** : अनजान **संगीत** : बप्पी लहरी

तेरे जैसा मुखड़ा तो
पहले कहीं देखा नहीं
सारी दुनिया देखी मैंने हो....

तेरे जैसा दिल का हसीन
पहले कहीं देखा नहीं
सारी दुनिया देखी मैंने हो....
हो तेरे जैसा पहले देखा नहीं....
इतनी मोहब्बत किसी ने
पहले तो पाई ना होगी
यारी ऐसी किसी ने
पहले निभाई न होगी
ओ प्यार को हम दुनिया का
मजहब बना जायेंगे
तेरे जैसा मुखड़ा तो....
इस दुनिया का नहीं है
तेरा यह दिलकश नजारा
मेरे लिए मालिक ने
जन्नत से तुझ को उतारा
हो यार की खुशी को
दिल का इमान बना जाएंगे
ओ तरे जैसा मुखड़ा तो
ओ तेरे जैसा पहले देखा नहीं

## सौतन

**गीत** : सावन **संगीत** : ऊषा खन्ना

जिन्दगी प्यार का गीत है, जिसे हर दिल को गाना पड़ेगा
जिन्दगी गम का सागर भी है
बच के उस पार जाना पड़ेगा
जिसका जितना है आंचल यहां पर
उसको छाया भी उतनी मिलेगी.....
फूल जीवन में गर न खिले तो
कांटों से भी निभाना पड़ेगा....जिन्दगी
रास्ता जो कहीं न मिले तो
दिल का दीपक जलाना पड़ेगा..जिन्दगी
जिन्दगी एक पहेली है
सुख दुख की सहेली भी है ला ला ला ला

जिन्दगी एक वचन भी तो है, जिसे सबको निभाना पड़ेगा
जिन्दगी प्यार का गीत है....
जिन्दगी गम का सागर भी है...

## खोटे सिक्के

**गीत** : मजरूह **संगीत** : आर.डी. बर्मन

जीवन में तू डरना नहीं
सर नीचा कभी करना नहीं
हिम्मत वाले को मरना नहीं
मरना नहीं मरना नहीं
तू है साथी अपना, कोई दूजा नहीं तेरा
अपनी हर मुश्किल में, तू अकेला ही मुस्करा
जग में तू सबसे बड़ा है
दिल छोटा करना नहीं,
करना नहीं, करना नहीं,
जीना है तो प्यारे, तू लड़ना जिन्दगी से
आंधी हो या तूफां, न दबना तू किसी से
जग में तू आगे बढ़ना नहीं
डरना नहीं, डरना नहीं
मरना नहीं, मरना नहीं

## रिश्ता कागज का

**गीत** : रवि **संगीत** : रवि

**किशोर–** अल्लाह तेरी शान जब तू मेहरबान
राह की धूल हो तो बने आसमान, अल्लाह तेरी शान
अपनों की किस्मत बदल तो
समझो किस्मत मेरी रंग लाई
मुझसे जहां वालों झुक–झुक के मिलना है लखपति मेरा भाई
मेरे संग लोगों बोलो बोलो बोलो, अल्लाह तेरी शान

**लता–** यूं चम चमाचम चमके मेरी बिन्दिया
है कयामत कोई अपना

**कोरस–** ला ला

**लता–** पूछो न आप मुझे लगता है जीवन जैसे सुनहरा सपना
मेरे संग लोगों बोलो बोलो, अल्लाह तेरी शान....

| | |
|---|---|
| | मेरी दुआ है दुनिया में सजनी हो, नाम तेरे पिया का |
| | बनके सुहागन पल पल हो पूरा, अरमान है तेरे पिया का |
| **किशोर–** | सर पे हमारे रहे तेरा साया |
| | हमने तुझी से सब कुछ पाया मेरे संग सब कोई बोलो |
| **दोनों–** | अल्लाह तेरी शान जब तू..... |

## मवाली

**गीत** : इन्दीवर  **संगीत** : बप्पी लहरी

जीवन एक सपना है दुनिया इक माया है
यह मैं नहीं कहता हूं यह वेदों ने बताया है
रामा रामा, रामा रामा, रामा रामा रे
माना मेरी हर बात निराली,
मवाली हूं मैं शैतान तो नहीं
गिरा हुआ कोई इन्सान तो नहीं, रामा रामा...
प्याला छू लिया तो मैंने क्या किया
जहर पी लिया तो मैंने क्या किया
हे डूबी डाबा डूबी डाबा....
देते हैं शरीफ लोग हमको क्यों गाली
खुद तो पी जाते हैं यह औरों की लाली, रामा...
यार पे मरना अपनी जिन्दगी, प्यार करना है अपनी बंदगी
अरे भाई अपनी बंदगी, हे लारालप
एक ही यारों कमजोरी हमारी
प्यारी लगती है हमको हसीनों से यारी, रामा....
सच्चाई पे अड़ा तो गुनाह क्या किया
बुराई से लड़ा तो बुरा क्या किया, अरे भई बुरा क्या किया
है गोल गप्पा गोल गप्पा गोल गप्पा गा
यह काले धन्धे करने वाले हो गए अमीर
मेहनत करने वाले, रह गए फकीर रामा...

## पापी पेट का सवाल है

**गीत** : वर्मा मलिक  **संगीत** : शंकर जकिशन

ये दुनिया खेल मदारी का, चालाकी का होशियारी का
जीवन की बंसी पर दुःख का डमरू देखो देता कैसी ताल
बोल मदारी किसके लिए ये बहरूपिए का हाल है

पापी पेट का सवाल है ओ पापी पेट का सवाल है
रोटी से बचके निकल जाए कोई
जमाने में किसकी मजाल है
सबका एक जैसा हाल है हो पापी पेट का......
अरे ऐ जमुरी आ गई उस्ताद
इन लोगों को देखती है हां देख लिया
अपने घर को छोड़ के रिश्ते नाते तोड़ के
दूर देश को आ गए, लोग गांव से दौड़ के
होटल में खाते हैं सड़कों पे सोते हैं
मरना जो हो हस्पताल है फिर चले क्यों नहीं जाते पापी.....
अरे ऐ जमुरन बोल मदारी इस बच्चे को देखती है
हां देख रही हूं
ये बच्चा कंगाल का दूध छोड़ के साल का
ले आया फुटपाथ पर जलवा रोटी दाल का
ये कल का गांधी कल का जवाहर
मगर आज इसका क्या हाल है
आज की मत पूछो, पापी पेट का सवाल...

## छोटी बहू

**गीत** : इन्दीवर **संगीत** : कल्याणजी आनंदजी

हे रे तुझको जन्म दिया रे एक ने तुझको पाला कन्हैया
मानी मानतायें और देवी देव पुत्र पीर सही देवकी ने
दूध में नहलाने का गोद में खिलाने का
सुख पाया यशोदा जी ने
एक ने तुझको जन्म दिया रे....
एक ने जीवन सम्भाला कन्हैया....
मरने के डर से भेज दिया घर से देवकी ने रे गोकुल में
बिना दिए जन्म यशोदा बनी माता तुझको छुपाया आंचल में
जन्म दिया चाहे पाला हो किसी ने
भेद ये ममता न जाने
कोई भी हो जिसने दिया हो
प्यार मां का मन तो मां उसी को माने
एक ने तुझको दी हैं ये आंखें
एक ने दिया उजाला कन्हैया....

# महाचोर

**गीत** : इन्दीवर **संगीत** : कल्याणजी आनंदजी

बुरे कामों का दुनिया में बुरा अन्जाम होता है
मगर कुछ भी कहो बद से बुरा बदनाम होता है
कहते हैं मेरा नाम महाचोर है मेरा नाम यारों महाचोर है
महाचोर लेकिन कोई और है मेरा नाम यारों महाचोर है
समझे.....
उसे कोई जाकर पकड़ता नहीं
कभी-हथकड़ी में जकड़ता नहीं
नजर तेज कानून की है मगर
बहुत दूर जेल से है उसका घर
कभी सामने भी आता है वो इशारों पे सबको नचाता है
उसी के हाथों में हर डोर.... मेरा नाम यारों महाचोर है
समझे....
मेरा नाम तो सिर्फ थाने में है
मगर उसकी शेहरत जमाने में है
उसे यू तो सब जानते हैं जनाब
मगर उसके चेहरे पे है इक नकाब
नहीं कोई उस्ताद ऐसा बहुत मगर पास उसके है पास पैसा बहुत
मेरा नाम यारों महाचोर है समझे....
मैं गलियों का राजा वो महलों का किंग
मैं अन्दर वो बाहर ये इन्साफ है
करता हूं चोरी कि मैं हूं गरीब
उसे क्या पड़ी वो तो है खुशनसीब
सुनो बात ये काबिले गौर है मेरा नाम यारों महाचोर है

# विधाता

**गीत** : आनन्द बक्शी **संगीत** : आर.डी. बर्मन

बन्धुओं, बजाइये ढोल और बजाइए बाजा
हां, तो सज्जनों सुनो सहेलियों की कहानी
एक नहीं, दो नहीं, तीन नहीं, चार नहीं, पांच नहीं,
अरे....इ ही.....अरे.....इ ही

सात सहेलियां खड़ी खड़ी फरियाद सुनाएं घड़ी घड़ी
सात सहेलियां...
एक सहेली का मियां था डाक्टर, मियां था डाक्टर
कहने लगी, कहने लगी अरे कहने लगी
अरे, सच-सच मैं कहती हूं सुन लो सभी
डाक्टर की बीवी न बनना कभी
रात भर मुआ सोने न दे, इन्जैक्शन लगाए घड़ी-घड़ी
सात सहेलियां...
एक सहेली का मियां था ड्राइवर, मियां था ड्राइवर
ओ सच-सच मैं कहती हूं सुन लो सभी
दर्जी की बीवी न बनना कभी
रात भर मुआ सोने न दे, टांका लगाए घड़ी-घड़ी
सात सहेलियां....
एक सहेली का मियां था डांसर, मियां था डांसर
इ....न....ती....उढ़ती...तीन....ल...ड़का
स्वामी बड़ा हरामी....हरामी
रात भर मुआ सोने न दे, त-थ्य्या कराए घड़ी-घड़ी
सात सहेलियां
एक सहेली का मियां था शराबी, मियां शराबी
माइकल की दारू झटका देती है, माइकल की दारू
झटका देती है
रात भर मुआ सोने न दे, बोतल दिखाए घड़ी-घड़ी
सात सहेलियां....
एक सहेली का मियां था डाकिया, मियां था डाकिया
ओ, सच-सच मैं बोलूं जी सुन लो सभी
डाकिया की बीवी न बनियो कभी
रात भर मुआ सोने न दे, ठप्पो लगाए घड़ी-घड़ी
सात सहेलियां....
एक सहेली का मियां था कोल्हापुरी, मियां कोल्हापुरी
आई का ओ आई का, ओ धोन्दुआ ओ पोन्डवा,
कुड़ी फसली रे फसली
रात भर मुआं सोने न दे, चप्पल दिखावे घड़ी-घड़ी
सात सहेलियां....

# नजराना

**गीत** : आनन्द बक्शी **संगीत** : लक्ष्मीकांत प्यारेलाल

इससे पहले के याद तू आए
मेरी आंखों में फिर लहू आए
तुझसे रिश्ता मैं तोड़ जाऊंगा
मैं तेरा शहर छोड़ जाऊंगा
मुझको गम है तेरी जुदाई का
रंज है अपनी बेवफाई का
अपने वादे से फिर गया हूं मैं
अपनी नजरों से गिर गया हूं मैं
इससे पहले के तू मुझे छोड़े
मुझको ठुकराए मेरा दिल तोड़े
अपना दिल खुद मैं तोड़ जाऊंगा
मैं तेरा शहर छोड़ जाऊंगा
मैं तेरा मुजरिम तेरा हरजाई,
साथ ले जाऊंगा ये रुसवाई
दाग दामन से ये मिटा दूंगा,
खुद को इतनी बड़ी सजा दूंगा
इससे पहले के लोग ताने दें,
तेरे आंसू न मुझको जाने दें
ये ताल्लुक मैं तोड़ जाऊंगा,
मैं तेरा शहर छोड़ जाऊंगा
हां मेरा इन्तजार तो होगा,
अब भी कुछ एतवार तो होगा
तू खुला छोड़ देगी दरवाजा,
पर गलत है ये तेरा अन्दाजा
इससे पहले के आह दिल भर दे,
सब गुनाहों को माफ तू कर दे
ये भरम भी मैं तोड़ जाऊंगा,
मैं तेरा शहर छोड़ जाऊंगा

## जिन्दगी-जिन्दगी

**गीत** : आनन्द बक्शी **संगीत** : आर.डी. बर्मन

तूने हमें क्या दिया री जिन्दगी
हमने मांगी तो मिली न मौत भी
खाली हाथ आए थे, खाली हाथ चले हम
हमने पाए थे फूल भी, हमने पाई न धूल भी
तूने हमें क्या दिया री...
ना दिया ना किरण, मन का सूनापन
दूर गलियों में रात भर झिलमिलाती है चांदनी
हाय बेवफा बेखबर
बेईमान मुकद्दर तू मगर बेवफा
गीत गाता है तेरी ही दुनिया में हर आदमी
तूने हमें क्या दिया री...

## प्यार

**गीत** : शरसार सैलानी **संगीत** : गुलाम हैदर

**सहगायिका** : गीतादत्त

**किशोर**– ओ बेवफा ये तो बता लूटा चमन क्योंप्यार का
जिस दिल में तेरा प्यार था उस दिल को क्यों ठुकरा दिया
लूटा चमन क्यों प्यार का...
**गीतादत्त**– ओ...रोने वाले क्या कहूं, होंठों को क्यों सीना पड़ा
मरने की सूरत ही न थी बस इसलिए जीना पड़ा
जो हो गया सो हो गया, मत नाम ले अब प्यार का
**किशोर**– लूटा चमन क्यों प्यार का...
ओ...आंखों में आंसू देके अब कहती हो आंसू ना बहा
मरना है तो घुट-घुट के मर फरियाद होंठों पे न लगा
दिल की तड़प दिल में छुपा ये फैसला है प्यार का
लूटा चमन क्यों प्यार का....
**गीतादत्त**– ओ... जरा सोच के मुझे दोष दे मेरे बस में कब तदबीर थी
जो बिछड़ गई वो मैं न थी अरे वो मेरी तकदीर थी
किस्मत से अब कैसे लड़ूं, किस्मत ने ही धोखा दिया
**किशोर**– लूटा चमन क्यों प्यार का...
ओ बेवफा...

## मैं इन्तकाम लूंगा

**गीत** : आनन्द बक्शी **संगीत** : लक्ष्मीकांत प्यारेलाल

मामला हिट हो गया ये हीरो हिट हो गया
यारों मेरे इश्क का मंजूर परमिट हो गया
देखें कैसी पिक्चर बनती है
और कितनी देर चलती है
एक्शन कैसा होता है
डायरेक्शन कैसा होता है
इसमें डिस्को डांस भी है
वाह वाह क्या लव स्टोरी है
ये दिन हिरोइन के
गले का लाकेट हो गया
खुशकिस्मत से कमरा
इसमें ये चांद उतरा है
रात से कह दो थम जाए
बात जरा जम जाए
तू बोले तो गाऊं मैं
कौन सा गीत सुनाऊं मैं
हम तुम इक कमरे में बन्द हों
और चाबी खो जाए
ये तो फिल्मी गाना है
जीवन भी एक गाना है
पहले ये सो लो था
अब डुएट् हो गया है

## मर्यादा

**गीत** : आनन्द बक्शी **संगीत** : कल्याणजी आनन्दजी

**किशोर–** ऐ
**आशा–** अरे
**किशोर–** चुपके से दिल दे दे
**आशा–** नई ते
**किशोर–** नई ते शोर मच जाएगा
**आशा–** ओए मैं हो गई बदनाम

ये ना सोच तू बच जाएगा

**किशोर–** जैसे रात अकेले में

**आशा–** क्या

**किशोर–** मिलते हैं चांद चकोरी
छुप-छुप के मिल जाना

**आशा–** कहां

**किशोर–** सपनों में आके ओ गोरी

**आशा–** देख ओ दिलवर जानी

**किशोर–** बोल

**आशा–** प्रीत तेरी दीवानी

**किशोर–** वो तो है

**आशा–** छोड़ ये प्रेम कहानी
नईं ते शोर मच जाएगा
चाहे जो भी हो जाए

**किशोर–** क्या

**आशा–** मुझे प्यार नहीं करना

**किशोर–** ना, ना

**आशा–** मर जाना है चुप रह के

**किशोर–** तौबा तौबा

**आशा–** इकरार नहीं करना है

**किशोर–** मान ले मेरा कहना
देख मिला ले नैना
नईं ते शोर मच जाएगा

## अजनबी

**गीत :** आनन्द बक्शी **संगीत :** आर.डी.बर्मन

इक अजनबी हसीना से यूं मुलाकात हो गई फिर क्या हुआ ये ना पूछो कुछ ऐसी बात हो गई

वो अचानक आ गए यूं नजर के सामने
जैसे निकल आए घटा से चांद
चेहरे पे जुल्फें बिखरी हुई थीं, दिन में रात हो गई
इक अजनबी हसीना से...

जाने मन, जाने जिगर

होता मैं शायर अगर
कहता गजल तेरी अदाओं पर
मैंने ये कहा तो मुझसे खफा वो जाने हया हो गई
इक अजनबी हसीना से...
खुबसूरत बात ये, चार पल का साथ ये
सारी उमर मुझको रहेगा याद
मैं अकेला था, मगर बन गई हो हमसफर
वो मेरे साथ हो गई
इक अनजबी हसीना से...

## देश परदेश

**गीत** : अमित खन्ना **संगीत** : राजेश रोशन

नजराना भेजा किसी ने प्यार का
है दीवाना जो बस तेरे दीदार का
नजराना....
रहेंगे जो रूठे-रूठे झूठे-मूठे नखरे करे
तो हम बोलेंगे नहीं यूं आपसे
अरे देखो अब न रोको टोको हंसी को
जो आने वाली है होंठों पे चुपचाप से
मुस्काराना आया है तोहफा दिलदार का
कभी-कभी दूरी भी जरूरी है
प्रेमियों में प्यार बढ़ाने के वास्ते
अरे होते ही हैं ऊंच-नीच टेढ़-मेढ़
अनजाने रास्ते प्यार के
मत घबराना टल गया समां इन्तजार का

## अभिमान

**गीत** : मजरूह **संगीत** : एस.डी. बर्मन

तेरे मेरे मिलन की ये रैना
नया कोई गुल खिलाएगी
तभी तो चंचल हैं तेरे नैना, देखो ना, देखो ना
तेरे मेरे मिलन की ये रैना...

नन्हा-सा गुल खिलेगा अंगना
सूनी बहियां सजेंगी सजना
जैसे खेले चन्दा बादल में
खेलेगा वो तेरे आंचल में
चन्दनियां गुनगुनाएगी
तभी तो चंचल हैं तेरे नैना देखो ना
देखो ना, तेरे मेरे मिलन की ये रैना...
तुझे थामें कई हाथों से
मिलूंगा मद भरी रातों में
जगाके अनसुनी-सी धड़कन
बलमवा भर दूंगी तेरा मन
नई अदा से सताएगा
तभी तो चंचल हैं तेरे नैना, देखो ना, देखो ना...
तेरे मेरे मिलन की ये रैना...

## दीदार-ए-यार

**गीत** : आनन्द बक्शी **संगीत** : लक्ष्मीकांत प्यारेलाल

सरकती जाए रुख से नकाब अहिस्ता
निकलता आ रहा है आफताब आहिस्ता
सरकती जाए रुख से नकाब, जवां होने लगे जब वो तो
हमसे कर लिया परदा
हया पकलख्त आई और शवाब आहिस्ता
सरकती जाए रुख से नकाब
शवे फुरकत का जागा हूं फरिश्तों अब तो सोने दो
कभी फुरसत में कर लेना हिसाब आहिस्ता
सरकती जाए रुख से नकाब....
सवाले हुस्न पर उनको अदु का खौफ है इतना
दबे ओठों से देती है जवाब आहिस्ता
सरकती जाए रुख से नकाब....वो बेदर्दी से सर काटे मेरा
और मैं कहूं उनसे हुजूर आहिस्ता
जनाब आहिस्ता आहिस्ता
सरकती जाए रुख से नकाब आहिस्ता
निकलता आ रहा है आफताब आहिस्ता
सरकती जाए रुख से नकाब आहिस्ता

## सुहाग

**गीत** : आनन्द बक्शी **संगीत** : लक्ष्मीकांत प्यारेलाल

**सहगायिका** : आशा

**किशोर–** ऐ यार सुन यारी तेरी मुझे जिन्दगी से भी प्यारी है
जवाब एक नहीं हमारा कहीं बड़ी खूब जोड़ी हमारी है
क्या देखता हूं मैं जब देखता हूं
तेरी नजर से मैं सब देखता हूं
तेरी कसम ये हाथ हैं मेरे मगर
इन हाथों में ताकत तुम्हारी है
ऐ यार...

**आशा–** दिल में बसाई है तस्वीर तेरी
तेरा नसीबा है तकदीर मेरी
तुम दोनों ने जो कुछ कहा मैंने सुना
मगर अब सुनो मेरी बारी
ऐ यार...

**किशोर–** हमसे जो उलझे तो होगा दीवाना
आवाज तू दे मैं बनू निशाना
उड़ते हुए पंछी के पर काट लें
के मैं जाल हूं तू शिकारी है
ऐ यार सुन...
हम हैं जवानी के दिन रात जैसे
दिल यार का जां यार की
अपना है क्या वर्दी भी तो सरकारी है
ऐ यार....

## नन्हा फरिश्ता

**गीत** : इन्दीवर **संगीत** : कल्याणजी–आनन्दजी

**सहगायक** : रफी

तुझमें ईश्वर, अल्लाह तुझमें, तुझमें जीसस पाया
बच्चे में हैं भगवान बच्चे में है रहमान
बच्चा जीसस की शान
गीता इसमें, बाइबल इसमें, इसमें है कुरान

बोलो बच्चा है महान जग में बच्चा है महान
मन्दिर मस्जिद और गिरजे में
जिसका नूर समाया
एक नन्हीं सी जान छुपा के
वो अपने घर आया
पापी मन को पावन करती इसकी हर मुस्कान
बच्चे में है...
ज्ञानी जग में फूट कराए बच्चा मेल कराए
हम जैसे भूले भटकों को सीधी राह दिखाए
दीन धर्म और जात-पात का बच्चा भेद ना जाने
अपने को सबका समझे और सबको अपना माने
ईश्वर को पाना चाहे तो बच्चे को पहचान
बच्चे में है...

## आंधी

**गीत** : गुलजार **सहगायिका** : आर.डी. बर्मन

तुम आ गए हो नूर आ गया है
नहीं तो चरागों से लौ जा रही थी
जीने की तुमसे वजह मिल गई है
बड़ी बेवजह जिन्दगी जा रही थी
तुम आ गए हो...
कहां से चले थे कहां के लिए
ये खबर नहीं थी मगर
कोई भी सिरा जहां जा मिला
वहीं तुम मिलोगे
कि हम तक तुम्हारी दुआ आ रही थी
तुम आ गए हो...
दिन डूबा नहीं रात डूबी नहीं
जाने कैसे हो सफर
ख्वाबों के दीये आंखों में लिए
वहीं से आ रहे थे
जहां से तुम्हारी सदा आ रही थी
तुम आ गए हो...

# दो चोर

**गीत** : मजरूह सुल्तानपुरी **सहगायिका** : लता

काली पलक तेरी गोरी, खुलने लगी है थोड़ी-थोड़ी
एक चोरनी एक चोर के घर करने चली है चोरी
हो काली पलक पिया मोरी...
आएगी बांध के पायल तू होंठ दबाए बदन को चुराए
नाजुक कमर में लगाए अदा की कटारी जालिमा
फेरेगी धीरे-धीरे तू मेरे गले पे ये बांहों के खंजर
जाएगी दिल मेरा लेके
समझ के अनाड़ी बालमा
रोज रात को यूं ही बांधेगी लटों की डोरी
हो काली पलक तेरी गोरी खुलने...
ना तो मैं डोर से बांधूं
ना जाल बिछाऊं ना तीर चलाऊं
नाजुक कमर में लगाऊं
छुरी ना कटारी साजना, ओ साजना
मैं तो तेरा दिल लूंगी
तुझीसे छुपाके नजर से बचाके
यूं ही मुस्करा के कहूंगी अनाड़ी साजना, ओ सजना
हो रोज रात को तेरे घर होगी मेरी चोरी
हो काली पलक पिया मोरी...
अच्छी हुई मेरी चोरी
कि एक दिल खोया तो एक दिल पाया
ऐसे कोई पास आया कि आ गया लुटने का मजा
अच्छी तेरी मेरी जोड़ी
कि लुट गए दोनों हुआ जब वादा प्यार का
हंस के लिपट गए दोनों हुआ जब वादा प्यार का
रोज रात को मिलेंगे चन्दा और चकोरी
हो काली पलक पिया मोरी....

## धरम करम

**गीत** : मजरूह **सहगायिका** : आर.डी. बर्मन

**सहगायक** : मुकेश व आशा

**मुकेश**– तेरे हमसफर गीत हैं तेरे
गीत ही तो जीवन मीत हैं तेरे हो...

**किशोर**– नग्मे प्यार के तू गाए जा
गाए जा और मुस्कराए जा

**दोनों**– तेरे हमसफर...

**मुकेश**– सुन्दरता की ओ शहजादी
हुस्न की देवी ओ मूरत खामोशी की
इतनी प्यारी सूरत लेकर
काश के तू भी मेरे सुर में गा सकती
हर दिल को दीवाना तू बना देती जानेमन

**दोनों**– तेरे हमसफर...

**किशोर**– जानेमन शाबास ल-ल-ला-ला-ला-ला
तेरे हमसफर गीत हैं तेरे
गीत ही तो जीवन मीत हैं तेरे
मेरे हमदम मेरे साथी
तेरी धुन में क्या जादू है क्या जाने
गीत सुना के साज बजा के

**मुकेश**– पल दो पल को दुनिया का दिल बहला दे
कोई काम कर जाएं हम तो ये जाने दुनिया में

**तीनों**– तेरे हमसफर गीत हैं तेरे...

## प्रेम नगर

**गीत** : आनन्द बक्शी **संगीत** : आर.डी. बर्मन

खाली घर की दीवारों पे शीशे की तस्वीरें हैं
मैं ये तोड़ के रख दूंगा, ये यादों की जंजीरें हैं
जा-जा, जा जा मुझे न अब याद आ
ओ मुझे भूल जाने दे, जा-जा-जा...
मेरे लबों पे ये कहानी क्यों रहे
तू ना रही तेरी निशानी क्यों रहे

ये जवानी क्यों रहे, जिन्दगानी क्यों रहे
जा-जा, जा-जा मुझे न अब याद आ...
उजड़ा महल ये वीरानों की तरह
इसमें फिरूं मैं दीवानों की तरह
अनजानों की तरह, बेगानों की तरह
जा-जा, जा-जा मुझे न अब याद आ...

## आराधना

**गीत** : आनन्द बक्शी **संगीत** : आर.डी. बर्मन

**सहगायिका** : लता

**किशोर–** कोरा कागज था ये मन मेरा
लिख लिया नाम इस पे तेरा
**लता–** सूना आंगन था जीवन मेरा
बस गया प्यार इसमें तेरा
**किशोर–** टूट न जाएं सपने, मैं डरता हूं
निस दिन सपनों में देखा करता हूं
नैना कजरारे, मतवारे, ये इशारे
खाली दरपन था ये मन मेरा,
रच गया रूप इसमें तेरा
**लता–** कोरा कागज...
चैन गंवाया मैंने निंदिया गंवाई
सारी-सारी रात जागूं, दूं मैं दुहाई
कहूं क्या मैं आगे, नेहा लागे, जी न लागे
कोई दुश्मन था ये मन मेरा
बन गया मीत जाके तेरा, कोरा कागन...
**किशोर–** बागों में फूलों के खिलने से पहले
**लता–** तेरे-मेरे नैनों के मिलने से पहले
**किशोर–** कहां थी ये बातें
**लता–** मुलाकातें
**किशोर–** ऐसी रातें
**लता–** टूटा तारा था ये मन मेरा
**किशोर–** बन गया चांद होके तेरा
**दोनों–** कोरा कागज था ये मन मेरा
लिख लिया नाम इसमें तेरा...

## प्यार

**गीत** : भरत व्यास **संगीत** : अविनाश व्यास

**सहगायिका** : गीतादत्त

**किशोर**– कमाता हूं बहुत कुछ, पर कमाई डूब जाती है
कुछ इन्कम टैक्स में जाता है, कुछ बीवी उड़ाती है
कमाता हूं बहुत कुछ पर कमाई डूबे जाती है...

**गीता**– अच्छा....कहो तुम कुछ भी लेकिन ये
समझदारों का कहना है

**किशोर**– क्या

**गीता**– मिटा देते हैं घर को मर्द, औरत घर बनाती है

**किशोर**– आ..आ...तेरी इन साड़ियों ने, जम्परों ने मार डाला है
तेरी इन साड़ियों ने जम्परों ने मार डाला
तेरी दीवाली को मेरा निकला दिवाला है
मैं कड़का...मैं कड़का...मै कड़का जे से
तू सैंट कपड़ों में लगाती है...
कमाता हूं बहुत कुछ पर...

**गीता**– बसें भी शहर में चलती हैं

**किशोर**– अरे चलने दो तो क्या हुआ

**गीता**– बसें भी शहर में चलती हैं

**किशोर**– अरे चलने दो तो क्या हुआ

**गीता**– बसें भी शहर में चलती हैं, क्यों टैक्सी में जाते हो
सिनेमा देखते हो, होटलों के बिल चुकाते हो
कमाई आधी बाहर और आधी घर में आती है
लुटा देते हैं घर को मर्द औरत घर बनाती है

**किशोर**– कमाता हूं बहुत, पर कमाई डूब जाती है
कमाता हूं बहुत कुछ...

## दोस्ताना

**गीत** : आनन्द बक्शी **संगीत** : लक्ष्मीकांत-प्यारेलाल

**सहगायिका** : आशा

**किशोर**– दिल्लगी ने दी हवा, थोड़ा-सा धुआं उठा,
और आग जल गई
तेरी-मेरी दोस्ती प्यार में बदल गई
तेरी-मेरी दोस्ती...

**आशा–** दिल्लगी ने दी हवा थोड़ा-सा धुआं उठा
और आग लग गई
तेरी-मेरी दोस्ती प्यार में बदल गई

**दोनों–** दिल्लगी ने दी हवा थोड़ा-सा धुआं उठा

**आशा–** पहले-पहले कम मिले, फिर तो खूब हम मिले
एक मुलाकात में, उसकी बात-बात में
जाने तूने क्या कहा-जाने मैंने क्या सुना
तूने किया मजाक मेरी जां निकल गई

**किशोर–** तेरी -मेरी दोस्ती...
दो दिलों के मेल में, इस नजर के खेल में
ऐसे दिल धड़क गया, शोर दूर तक गया
क्या ये खून माफ है, ये कोई इन्साफ है
आंखों का था कसूर, छुरी दिल पे चल गई

**आशा–** तेरी-मेरी दोस्ती....
तेरी भी खता नहीं, मेरी भी खता नहीं
दोनों पे शबाब है, उम्र ये खराब है

**किशोर–** शौक शायरी का है, शेर ये किसी का है
देखा जो हुस्ने-यार तबियत मचल गई

**दोनों–** तेरी -मेरी दोस्ती

## शर्मीली

**गीत** : नीरज **संगीत** : एस.डी. बर्मन

खिलते हैं गुल यहां
खिल के बिखरने को
मिलते हैं दिल यहां
मिल के बिछड़ने को
कल रहे न रहे मौसम ये प्यार का
कल रुके ना रुके डोला बहार का
चार पल मिले जो आज
प्यार में गुजार दें
खिलते हैं....
ओ हो...हो...
झीलों के होंठों पर मेघों का राग है

फूलों के सीने में ठंडी-ठंडी आग है
दिल के आइने में तू
ये समा उतार ले
खिलते हैं...
प्यासा है दिल सनम प्यासी ये रात है
होठों में दबी-दबी कोई मीठी बात है
इन लम्हों पे आज तू
हर खुशी निसार दे
खिलते हैं...

## रामपुर का लक्ष्मण

**गीत** : मजरूह **संगीत** : आर.डी. बर्मन

गुम है किसी के प्यार में दिल, सुबह-शाम
पर तुम्हें लिख नहीं पाऊं मैं उसका नाम
हाय राम हाय राम कुछ लिखा-हां क्या लिखा?
हो गुम है किसी के....
पर तुम्हें लिख...
अच्छा आगे क्या लिखूं
आगे.... सोचा है एक दिन मैं उससे मिलके
कह डालूं अपने, सब हाल दिल के
और कर दूं जीवन उसके हवाले
फिर छोड़ दे चाहे अपना बना ले
दिल तो उसका रे हुआ दीवाना,
अब तो जैसा भी हो मेरा अंजाम
हो गुम है किसी के....
हो जरा पढ़ के सुनाओ
चाहा था तुमने जिस बावरी को,
नैना उठाये तो प्यार समझो
पलकें झुका दे तो इकारार समझो
रखा है तुमसे छुपा-छुपा के यूं
अपने होंठों में पिया तेरा नाम
हो गुम है किसी के प्यार में दिल सुबह-शाम
पर तुम्हें लिख नहीं पाऊं...

## मेरे जीवन साथी

**गीत** : आनन्द बक्शी **संगीत** : राहुल देव बर्मन

दीवाना ले के आया है दिल का तराना
देखो कहीं यारों ठुकरा न देना मेरा नजराना
दीवाना ले के आया...
आज का दिन कितना सुहाना
झूम रहा है प्यार मेरा...हो
पूरी हों दिल की सारी मुरादें
खुश रहे यार मेरा-हो-हो
चांद-सा जीवन साथी मुबारक जीवन में अपना
दीवाना ले के आया है...
अपने भी हैं कुछ ख्वाब अधूरे
कौन अब गिने कितने
सच तो ये है मेरे दोस्त के सपने हैं मेरे अपने
हो...हो...उसकी खुशी अब मेरी खुशी है
ऐ दिल दीवाना
दीवाना ले के आया है...

## डॉन

**गीत** : अनजान **संगीत** : कल्याणजी आनन्दजी

अरे भंग का रंग जमा हो चकाचक
फिर लो पान चबाए
अरे ऐसा झटका लगे जिया पे
पुनर जन्म होई जाये
ओ खई के पान बनारस वाला
खुल जाए बन्द अकल का ताला
फिर तो अइसा करे कमाल
सीधी कर दे सबकी चाल
ओ छोरा गंगा किनारे वाला
ओ खई के पान बनारस वाला
खुल जाए बन्द अकल का ताला
खुल जाए बन्द अकल का ताला
अरे राम दुहाई

कैसे चक्कर में पड़ गया
हाय–हाय–हाय
कहां टांग फंसाई
मैं तो सूली पे चढ़ गया हाय–हाय
कैसा सीधा सादा
मैं कैसा भोला-भाला हां–हां
अरे कैसा सीधा सादा
मैं कैसा भोला भाला
जाने कौन घड़ी में पड़ गया
पढ़े लिखों से पाला
मीठी छुरी......
मीठी छुरी से हुआ हलाल
छोरा गंगा किनारे वाला
ओ छोरा गंगा किनारे वाला
ओ खई के पान बनारस वाला
खुल जाए बन्द अकल का ताला
एक कन्या कुंवारी
हमरी सूरत पे मर गई–हाय
एक मीठी कटारी
हमरे दिल में उतर गई हाय–हा–हाय
कैसी गोरी गोरी
अरे तीखी तीखी छोरी–वाह–वाह
अरे कैसी गोरी गोरी
ओ तीखी तीखी छोरी
करके जोरा जोरी
कर गई हमरे दिल की चोरी
मिली छोरी तो
मिली छोरी तो हुआ निहाल
ओ छोरा गंगा किनारे वाला
ओ छोरा गंगा किनारे वला
ओ खई के पान बनारस वाला
खुल जाए बन्द अकल का ताला
फिर तो अईसा करे कमाल
सीधी करे दे सबकी चाल

ओ छोरा गंगा किनारे वाला
ओ छोरा गंगा किनारे वाला
हां...

## गैम्बलर

**गीत:** मजरूह **संगीत:** लक्ष्मीकांत-सचिन देव बर्मन

दिल आज शायर है, गम आज नगमा है
शब ये गजल है सनम
गैरों के शेरों को ओ सुनने वाले हो इस तरफ भी करम
आके जरा देख तो तेरी खातिर हम किस तरह से जिए
आंसू के धागे से सीते रहे हम जो जख्म तूने दिए
चाहत की महफिल में गम तेरे लेकर किस्मत से खेला जुआ
दुनिया से जीते पर तुझसे हारे यूं खेल अपना हुआ
है प्यार हमने किया जिस तरह से उसका न कोई जवाब
जर्रे थे लेकिन तेरी लौ में जलकर हम बन गए आफताब
हमसे है जिन्दा वफा और हमीं से तेरी ये महफिल जवां
हम जब न होंगे रो के ये दुनिया ढूंढ़ेगी मेरे निशां
ये प्यार कोई खिलौना नहीं है हर कोई ले जो खरीद
मेरी तरह जिन्दगी भर तड़प लो फिर आना दिल के करीब
हम तो मुसाफिर हैं, हम तो गुजर जाएंगे ही
लेकिन लगाया है जो दांव हमने वह जीतकर आएंगे ही

## हाथी मेरे साथी

**गीत :** आनन्द बक्शी **संगीत :** लक्ष्मीकांत-प्यारेलाल

दिलबर जानी चली हवा मस्तानी
हंसते खेलते गुजरे ये जिन्दगानी
दिलबर जानी...
प्यार में दिन ऐसे बीते जैसे बीते पल
जाने कब शाम हुई दीप गए जल
सुन मेरे प्यारे ये है तेरी मेहरबानी
हंसते खेलते गुजरे ये जिन्दगानी
दिलबर जानी...
सारे सोए तू क्यों जागे साथी क्या है बात
ओ जंगल के राजा आजा सो जा हो गई रात

मीठे-मीठे सपने ले आई निंदिया रानी
हंसते खेलते गुजरे ये जिन्दगानी
दिलबर जानी चली हवा मस्तानी

## रोटी

**गीत** : आनन्द बक्शी **संगीत** : लक्ष्मीकांत-प्यारेलाल
**सहगायिका** : लता

**किशोर**– गोरे रंग पे न इतना गुमान कर
गोरा रंग दो दिन में ढल जाएगा
**लता**– मैं शमा हूं तू है परवाना
मुझसे पहले तू जल जाएगा
**किशोर**– गोरे रंग पे...
रूप मिट जाता है, ये प्यार ऐ दिलदार नहीं मिटता
**लता**– हो हो फूल मुरझाने से, गुलजार ऐ सरकार नहीं मिटता
**किशोर**– क्या बात कही है ओय तौबा
ये दिल बेईमान मचल जाएगा गोरे रंग पे...
**लता**– ओ आपको है ऐसा, इन्कार तो ये प्यार यहीं छोड़ो
**किशोर**– ओ ओ प्यार का मौसम है, बेकार की तकरार यहीं छोड़ो
हाथों में हाथ जरा दे दो बातों में वक्त निकल जाएगा
गोरे रंग पे...ओ ओ मैं तुझे कर डालूं मगरूर नशे में चूर
तो मानोगे
**लता**– ओ ओ मैं तुझे कर डालूं, कुछ दूर ऐ मगरूर तो मानोगे
**किशोर**– तू लाख बचा मुझसे दामन
ये दिल बेईमान मचल जाएगा
गोरे रंग पे...

## चलते-चलते

**गीत** : इन्दीवर **संगीत** : बप्पी लहरी

चलते चलते मेरे ये गीत याद रखना
कभी अलविदा ना कहना, कभी अलविदा ना कहना
चलते चलते मेरे ये गीत याद रखना
कभी अलविदा ना कहना, कभी अलविदा ना कहना
रोते हंसते बस यूं ही तुम गुनगुनाते रहना
कभी अलविदा ना कहना, कभी अलविदा ना कहना
प्यार करते-करते हम तुम कहीं खो जाएंगे

इन्हीं बहारों के आंचल में थक के सो जाऐं
प्यार करते करते हम तुम कहीं खो जाएंगे
इन्हीं बहारों के आंचल में थक के सो जाएंगे
सपनों को फिर भी तुम यूं ही सजाते रहना
कभी अलविदा ना कहना कभी अलविद ना कहना
चलते चलते मेरे ये गीत याद रखना
कभी अलविदा ना कहना कभी अलविदा ना कहना
चलते चलते मेरे ये गीत याद रखना
कभी अलविदा ना कहना, कभी अलविदा ना कहना
बीच राह में दिलबर बिछड़ जाएं कहीं हम अगर
और सूनी-सी लगे, तुम्हें जीवन की ये डगर
हम लौट आएंगे, तुम यूंही बुलाते रहना
कभी अलविदा ना कहना, कभी अलविदा ना कहना
चलते चलते मेरे ये गीत याद रखना
कभी अलविदा ना कहना, कभी अलविदा ना कहना
रोते हंसते बस यूंही तुम गुनगुनाते रहना
कभी अलविदा ना कहना, कभी अलविदा ना कहना

## हाथी मेरे साथी

**गीत** : आनन्द बक्शी **संगीत** : लक्ष्मीकांत-प्यारेलाल

चल चल चल मेरे हाथी ओ मेरे साथी
चल ले चल खटारा खींच के
चल यार धक्का मार
बन्द है मोटर कार...
फूलों सी नाजुक है वो
मोटर में बैठी है जो
आहिस्ता-आहिस्ता चल
उसको न तकलीफ हो
हाय-हाय, खा न जाए
उसकी नाजुक कमरिया बल
चल चल चल मेरे हाथी...
खिदमत तेरी काम दे
शायद वो इनाम दे
कर उसी को सलाम
आंखों से पैगाम दे

पास आ जा, सुन राजा
ऐसा मौका न जाए निकल
चल चल चल मेरे साथी...
तू यारों का यार है
कितना वफादार है
झूठा है सारा जहां
सच्चा तेरा प्यार है
तू पगला, न बदला
सारी दुनिया गई है बदल
चल चल चल मेरे साथी...

## जवानी दीवानी

**गीत** : मजरूह सुल्तानपुरी **संगीत** : आर.डी. बर्मन

अगर साज छेड़ा तराने बनेंगे
तराने बने तो फंसाने बनेंगे
फसाने बनेंगे तो सुनेगी ये महफिल
सुनेगी ये महफिल बड़ी होगी मुश्किल
निगाहों के हम तुम निशाने बनेंगे
कि रुसवाईयों के बहाने बनेंगे
अगर साज...
बहानों से फिर तो मुलकात होगी
यू ही दिन कटेंगे बसर रात होगी
नए दोस्त इक दिन पुराने बनेंगे
अगर साज...
दीवानों पे हंसता है सारा जमाना
जमाना मुहब्बत का दुश्मन पुराना
सयाने नहीं हम दीवाने बनेंगे,
दीवाने नहीं हम सयाने बनेंगे, अगर साज...

## गंगा की लहरें

**गीत** : राजेन्द्र कृष्ण **संगीत** : चित्रगुप्त
**सहगायिका** : आशा

**आशा**– छेड़ो न मेरी जुल्फें सब लोग क्या कहेंगे
**किशोर**– हमको दीवाना तुमको काली घटा कहेंगे
**आशा**– आती है शर्म हमको रोको ये प्यारी बातें

**किशोर–** जो तुमको जानते हैं जानते हैं तुम्हारी बातें
तुम कह लो शर्म इसको हम तो अदा कहेंगे

**आशा–** छेड़ो न मेरी जुल्फें....

**किशोर–** मैं प्यार हूं तुम्हारा मेरा सलाम ले लो

**आशा–** तुम इसको प्यार समझो
तुम इसको चाहत का नाम दे लो
लेकिन जमाने वाले इसको खता कहेंगे...

**किशोर–** हमको दीवाना तुमको...
तौबा तेरी नजर के मस्ती भरे इशारे
देखेंगे हमको-तुमको जो मुस्करा के सब नजारे

**आशा–** उल्फत में दो दिलों को बहका हुआ कहेंगे
छेड़ो न मेरी....

## याराना

**गीत** : अनजान **संगीत** : राजेश रोशन

छूकर मेरे मन को, किया तूने क्या इशारा
बदला ये मौसम, लगे प्यारा जग सारा
छूकर मेरे...
तू जो कहे जीवन भर तेरे लिए मैं गाऊं
गीत तेरे बोलों पे लिखता चला जाऊं
मेरे गीतों में तुझे ढूंढ़े जग सारा
बदला ये मौसम लगे प्यारा जग सारा
छूकर मेरे...
आ जा तेरे आंचल को, प्यार से मैं भर दूं
खुशियां जहां भर की, तुझको नजर कर दूं
तू ही मेरा जीवन, तू ही मेरा सहारा
छूकर मेरे मन को किया तूने क्या इशारा
बदला ये मौसम लगे प्यारा जग सारा
छूकर मेरे...

## मेम साहब

**गीत** : राजेन्द्र कृष्ण **संगीत** : मदन मोहन

दिल दिल से मिलाकर देखो
नजरों में समाकर देखो
अपना तो बनाकर देखो, होती है मोहब्बत क्या

हम प्यार में खो गए ऐसे
परदेश में राही जैसे
उल्फत का नशा, जब हो ही गया
दामन को छुड़ाएं कैसे
नजरें तो उठाकर देखो, कोई तीर चलाकर देखो
अपना तो बनाकर देखो, होती है मोहब्बत क्या
दिल दिल से मिलाकर देखो...
लहरा के हवा जब आई, फिर डसने लगी तन्हाई
दिल पहुंचा वहां, दिलवर था जहां, लो बजने लगी शहनाई
अपना तो बनकर देखो, होती है मोहब्बत क्या
दिल दिल से मिलाकर देखो...

## कटी पतंग

**गीत** : आनन्द बक्शी **संगीत** : आ.डी. बर्मन

प्यार दीवाना होता है, मस्ताना होता है
हर खुशी से, हर गम से बेगाना होता है
प्यार दीवाना होता है...
शमा कहे परवाने से, परे चला जा
मेरी तरह जल जाएगा, यहां नहीं आ
वो नहीं सुनता उसे जल जाना होता है
हर खुशी से हम गम से बेगाना होता है
प्यार दीवाना होता है...
सुनो किसी शायर ने कहा बहुत खूब
मना करे दुनिया लेकिन मेरे महबूब
रतदुर छलक जाता है, सो पैमाना होता है
हर खुशी से हर गम से बेगाना होता है
प्यार दीवाना होता है...

## छुपा रुस्तम

**गीत** : नीरज **संगीत** : एस.डी. बर्मन

धीरे से जाना खटियन में ओ खटमल
धीरे से जाना खटियन में
सोई है राजकुमारी, देख रही मीठे सपने
जा जा छुप जा
तकियन में ओ खटमल, धीरे से...

मिले मुश्किल से ये मेहमान,
हो भी जाते शायद मेहरबान
आग लगा दी है सुखन में,
ओ खटमल, धीरे से...
कोमल है इनका बदन, कांटों-सी तेरी चुभन
ओ खटमल धीरे से...
क्यों छुप-छुप के प्यार करे तू
बड़ा छुपा हुआ रुस्तम है तू
ले ले हमको भी शरण में,
ओ खटमल धीरे से...
धीरे से जाना खटियन में ओ धीरे से...
धीरे से जाना, धीरे से जाना
धीरे से जाना बगियन में,
ओ खटमल...

## आराधना

**गीत:** आनन्द बक्शी **संगीत** : लक्ष्मीकांत-आर.डी. बर्मन
**सहगायिका** : लता

**किशोर–** बागों में बहार है
**लता–** है
**किशोर–** कलियों पे निखार है
**लता–** है
**किशोर–** तुमको मुझसे प्यार है
**लता–** ना ना ना ना
छोड़ो हटो जाओ पकड़ो ना बैयां
आऊं न मैं तेरी बातों में सैयां
**किशोर–** तुमने कहा है देखो देखो मुझे सैयां
बोलो तुमको इकरार है
**लता–** हां है
**किशोर–** फिर भी इन्कार है
**लता–** हां है
**किशोर–** तुमको मुझसे प्यार है
**लता–** ना ना ना ना
**किशोर–** तुमने कहा था मैं सौ दुख सहूंगी
छुपके पिया तेरे मन में रहूंगी

**लता–** मैं सब कहूंगी
लेकिन वो ना कहूंगी
तुमको जिसका इन्तजार है
**किशोर–** है
फिर भी तकरार है
**लता–** है
**किशोर–** तुमके मुझसे प्यार है
**लता–** ना ना नहीं नहीं नहीं
**किशोर–** अच्छा चलो छेड़ो आगे कहानी
होती है क्या बोलो प्यार की निशानी
**लता–** बेचैन रहती है प्रेम दीवानी
**किशोर–** बोलो क्या दिल बेकरार है
**लता–** है
**किशोर–** मुझपे ऐतबार है
**लता–** हां है
**किशोर–** आज सोमवार है
**लता–** अरे बाबा है
**किशोर–** तुमको मुझसे प्यार है
है, ना ना...

## अजनबी

**गीत** : आनन्द बक्शी **संगीत** : आर.डी. बर्मन
**सहगायिका** : लता

भीगी–भीगी रातों में मीठी–मीठी बातों में
ऐसी बरसातों में कैसा लगता है
ऐसा लगता है
तुम बनके बादल मेरे बदन को भिगो के मुझे
छेड़ रही हो...छेड़....रही हो...
अम्बर खेले होली उई मां
भीगी चोली...हमजोली
ओ पानी के इस मेले में
छत पर अकेले में...कैसा लगता है
ऐसा लगता है तुम बनके घटा

अपने सजन को भिगो के खेल रही हो खेल रही हो
बरखा से बचा लूं तुझे
सीने से लगा लूं तुझे
सीने से लगा लूं...आ छुपा लूं
दिल ने पुकारा देखो रुत का इशारा देखो
उफ ये नजारा देखो कैसा लगता है, हां
ऐसा लगता है...कुछ हो जाएगा
मस्त पवन के झोंके सैयां
देख रहे हो...देख रहे हो

## रोटी

**गीत** : आनन्द बक्शी **संगीत** : लक्ष्मीकांत-प्यारेलाल

नाच मेरी बुलबुल कि पैसा मिलेगा
कहां कद्रदान हमें ऐसा मिलेगा
नाच मेरी बुलबुल...
घुंघरू बना के पैरों में बांध ले
कहां मेहरबान हमें ऐसा मिलेगा
नाच मेरी बुलबुल...
कितना प्यासा है ये पैसे वाला
इसको पिला दे तू, मस्ती का प्याला
कहां अन्जान हमें ऐसा मिलेगा
ऐसा मिलेगा, ऐसा मिलेगा
नाच मेरी बुलबुल...
अपनी तमन्ना है कितनी छोटी
दो हाथ कपड़ा दो वक्त रोटी
कहां पे मकान हमें ऐसा मिलेगा
ऐसा मिलेगा, ऐसा मिलेगा
नाच मेरी बुलबुल...

## लहू के दो रंग

**गीत** : फारूख कैसर **संगीत** : बप्पी लहरी

प्यार-प्यार-प्यार-प्यार-प्यार
चाहिए थोड़ा प्यार-थोड़ा प्यार चाहिए
जानेमन गुलबदन मेरी बात मानिए, चाहिए...प्यार
चोरी छुपे प्यार भी होना चाहिए

रुत हो जवां फिर तो हमें खोना चाहिए
जय काली कलकत्ते वाली तेरा वचन न जाए खाली
बच्चा लोग, अरे बजाओ ताली
चाहिए थोड़ा प्यार...
जानेमन गुलबदन चाहिए...
प्यार-प्यार-प्यार-प्यार-प्यार
कोई कभी कर न सका मेरा सामना
मेरी नजर जादू भरी दिल को थामना
जय काली...तेरा वचन न जाए खाली
छोकरा लोग बजाओ ताली
चाहिए थोड़ा प्यार थोड़ा प्यार चाहिए
जानेमन...

## खुद्दार

**गीत** : आनन्द बक्शी **संगीत** : राजेश रोशन

मच गया शोर सारी नगरी रे, सारी नगरी रे
आया बिरज का बांका संभाल तेरी गगरी रे
देखो अरे देखो कहीं ऐसा न हो जाए
चोरी करे माखन और जिया भी चुराए
अरे धमकाता है इतना तू किसको
डरता है कौन जाने दे मुझको
ऐसा ना बहुत बोलो, मत ठुमक-ठुमक डोलो
चिल्लाओगी तब गोरी जब उलट देगा तोरी
गगरी आके बीच डगरी रे
मच गया शोर...
जाने क्या करता अगर होता कहीं गोरा
जाके जमना में शकल देख छोरा
बिंदिया चमकाती रस्ते में ना जा
मनचला भी है गोकुल का राजा
पड़ जाए कहीं पाला राधा से कहीं लाला
मारेगी ऐसा फंदा फिर रोएगा गोविन्दा
गर्दन से बंध जाएगी चुनरी रे...
मच गया शोर...

## सच्चा झूठा

**गीत** : इन्दीवर **संगीत** : कल्याणजी-आनन्दजी

मेरी प्यारी बहनिया बनेगी दुल्हनिया
सज के आएंगे, दूल्हे राजा
भैया राजा, बजाएगा बाजा
अपने पसीने को मैं मोती कर दूंगा
मोतियों से बहना की, मांग भर दूंगा
आएगी बारात, देखेगी सारी दुनिया
होंगे लाखों में एक, दूल्हे राजा
भैया राजा, बजाएगा बाजा...
सोलह सिंगार मेरी बहना करेगी
टीका चढ़ेगा और हल्दी लगेगी
बन्नी के होंठों पे, झूलेगी नथनियां
और चूमेंगे, दूल्हे राजा
भैया राजा, बजाएगा बाजा...
सेज पे बैठेगी वो डोली पे चढ़ेगी
धरती पे बहना रानी, पांव ना धरेगी
पलकों की पालकी पे, बहना को बिठाके
ले जाएंगे, दूल्हे राजा
भैया राजा, बजाएगा बाजा...
सजना के घर चली जाएगी जो बहना
होंठ हंसेंगे मेरे, रोएंगे ये नयना
रखिया के रोज, रानी बहना को बुलाऊंगा
ले के आएंगे, दूल्हे राजा
भैया राजा बजाएगा बाजा...

## मेरा जीवन

**गीत** : एम.जी. हशमत **संगीत** : सपन जगमोहन

मेरा जीवन, कुछ काम न आया
जैसे सूखे पेड़ की छाया
मेरा जीवन...
अपनों के होते हुए, तन में बसी तन्हाई
आंसू बना के खुशी, आंखों से मैंने बरसाई

खुशियों को रोते-रोते,
दुनिया में अब तो मेरा जी घबराया
मेरा जीवन, कुछ काम ना आया...
बरस गये रे सावन, दरिया भी जोश में आए
फूल भी खिलने लगे, कलियों के मन मुस्काए
सूनी रही एक डाली,
उसपे तो अब तक कोई फूल ना आया
मेरा जीवन, कुछ काम ना आया...
जीने को जी ना चाहे, मांगूं तो मौत ना आए
सांसों के चलने को तो, जीवन कहा नहीं जाए
दर्द नसीब मुझको, कहां पे लाया
मेरा जीवन, कुछ काम ना आया...

## पड़ोसन

**गीत** : राजेन्द्र कृष्ण **संगीत** : आर.डी. बर्मन

मेरे सामने वाली खिड़की में
इक चांद का टुकड़ा रहता है
अफसोस ये है, कि वो हमसे
कुछ उखड़ा-उखड़ा रहता है
जिस रोज से देखा है उसको
हम शमा जलाना भूल गए
दिल थाम के ऐसे बैठे हैं
कहीं आना भूल गए
अब आठ पहर इन आंखों में
वो चंचल मुखड़ा रहता है
अफसोस ये है, कि वो हमसे
कुछ उखड़ा-उखड़ा रहता है...
बरसात भी आकर चली गई
बादल भी गरज कर बरस गए
पर उसकी एक झलक को हम,
ऐ हुस्न के मालिक तरस गए
कब प्यास बुझेगी आंखों की
दिन रात ये दुखड़ा रहता है

अफसोस ये है, कि वो हमसे
कुछ उखड़ा-उखड़ा रहता है...
मेरे सामने वाली...

## बाप रे बाप

**गीत** : मजरूह **संगीत** : ओ.पी. नय्यर

**सहगायिका** : आशा

**आशा–** पिया पिया पिया मोरा जिया पुकारे
हम भी चलेंगे पिया संग तुम्हारे
**किशोर–** चोरी-चोरी काहे हमें पुकारे
तुम तो बसी हो गोरी, मन में हमारे
**आशा–** पिया पिया पिया...
ये छिप छिप हमसे, चले हो कहां सैयां
मैं लागूं तोरे पैयां, न छोड़ो मेरी बैयां
**किशोर–** यह छवि मतवारी, यह मुख गोरा-गोरा
ना देखो ऐसे हमको के जिया डोले मोरा
**आशा–** भोले भाले नैना करें जाने क्या इशारे
**किशोर–** तुम तो बसी हो गोरी, मन में हमारे,
**आशा–** पिया पिया पिया...
**आशा–** मैं पिया तोरी छाया, में संग-संग डोलूं
तू जाए जहां सैयां मैं साथ तेरे होलूं
**किशोर–** ये रातें मन भाती, ये दिन मदमाते
वो देखो गोरी हम तुम, चले हैं हंसते गाते
**आशा–** मेरे पिया झूमे जिया झूमे ये नजारे
**किशोर–** तुम तो बसी हो गोरी, मन में हमारे
**आशा–** पिया पिया पिया...

## कल आज और कल

**गीत** : मजरूह **संगीत** : आर.डी. बर्मन

भंवरे की गुंजन है मेरा दिल,
कब से संभाले रखा है दिल
तेरे लिए तेरे लिए
भंवरे की गुंजन है मेरा दिल...

तेरे लिए तेरे लिए तेरे लिए तेरे लिए
मुझे कब से थी प्यार की जुस्तजू
मेरी जिन्दगी में है तू ही तू
मैं आया हूं दुनिया में तेरे लिए
मेरे दिल में झूमे तेरी आरजू
भंवरे की गुंजन है मेरा दिल
कब से संभाले रखा है दिल
तेरे लिए तेरे लिए तेरे लिए तेरे लिए
तेरे लिए आ हा हा
तेरे लिए हूं हूं हूं हूं
गगन से भी ऊंचा मेरा प्यार है
तुझी पर मिटूंगा ये इकरार है
तू इतना समझ ले मेरे हम सफर
तेरे प्यार से मेरा संसार है
भंवरे की गुंजन है मेरा दिल
तेरे लिए, तेरे लिए, तेरे लिए

## महबूबा

**गीत** : आनन्द बक्शी **संगीत** : लक्ष्मीकांत-प्यारेलाल

मेरे नैना सावन भादों फिर भी मेरा मन प्यासा
फिर भी मेरा मन प्यासा, मेरे नैना...
ऐ दिल दिवाने खेल है क्या जाने
दर्द भरा ये गीत कहां से इन होंठों पे आए
दूर कहीं ले जाए
भूल गया क्या भूल के भी है मुझको याद जरा सा
फिर भी मेरा मन प्यासा
मेरे नैना...
बरसों बीत गए हमको मिले बिछड़े
बिजुरी बनके गगन पे चमकी बीते समय की रेखा
मैंने तुमको देखा
मन संग आंख मिचौनी खेले आशा और निराशा
फिर भी मेरा मन प्यासा
मेरे नैना सावन भादों...

## संसार

**गीत** : साहिर लुधियानवी **संगीत** : चित्रगुप्त

मिले जितनी शराब, मैं तो पीता हूं
रखे कौन ये हिसाब, मैं तो पीता हूं
इक इनसान हूं, मैं फरिश्ता नहीं
जो फरिश्ते बने, उनसे रिश्ता नहीं
कहो अच्छा या खराब, मैं तो पीता हूं
मिले जितनी शराब...
होश मुझको रहे तो सितम घेर ले
कोई दुख घेर ले, कोई गम घेर ले
सहे कौन ये अजाब, मैं तो पीता हूं
मिले जितनी शराब...
कोई अपना अगर हो तो टोके मुझे
मैं गलत कर रहा हूं तो रोके मुझे
किसे देना है हिसाब मैं तो पीता हूं
मिले जितनी शराब.....

## राजा रानी

**गीत** : आनन्द बक्शी **संगीत** : आर.डी. बर्मन

**सहगायिका** : लता

**किशोर** – मैं इक चोर तू मेरी रानी
चोरी-चोरी ले चला मैं तुमको तुमसे ही चुराके
मैं इक चोर तू मेरी रानी
**लता** – चोर नहीं, तू मेरा राजा, मैं तेरी रानी
चल पड़ी मैं साथ तेरे, सारी दुनिया को भुलाके
**किशोर**– मैं इक चोर तू मेरी रानी
**लता** – हम दोनों ने देखा है इक सपना
कहीं पे छोटा सा इक घर है अपना
**किशोर**– आंगन में उतरी है चांदनी रात
हम बैठे करते हैं प्रेम की बातें
ये बातें, ये रातें, भूल जाएं हम
तो हमें याद दिलाना, भूल न जाना
**लता** – क्या

**किशोर–** मैं इक चोर तू मेरी रानी
मैं इक चोर तू मेरी रानी
चोरी-चोरी ले चला मैं तुमको तुमसे ही चुराके

**किशोर–** किस्मत ने तो हमको दुख ही बांटे
अपने रस्ते में बिखराए कांटे

**लता –** हमने सजाई प्यार से अपनी गलियां
कांटे चुन चुन के बिखराईं कलियां
ये कलियां, ये गलियां भूल जाएं हम
तो हमें याद दिलाना, भूल न जाना

**किशोर–** क्या

**लता –** तू मेरा राजा मैं तेरी रानी
चल पड़ी मैं साथ तेरे सारी दुनिया को भुलाके

**किशोर–** मैं इक चोर, तू मेरी रानी
मैं इक चोर, तू मेरी रानी

## हाथ की सफाई

**गीत** : गुलशन बावरा **संगीत** : कल्याणजी-आनन्दजी

**सहगायिका** : हेमा मालिनी

**किशोर –** मितवा मितवा मितवा

**हेमा –** कौन? देवदास

**किशोर –** तो तुम्हें क्या लगा चरणदास

**हेमा –** देवदास

**किशोर –** हूं

**हेमा –** किस हाल में जी रहे हो

**किशोर –** क्या कहा पी रहे हो
अरे दर्द की दवा मिली ना कहीं और मुझे
आ गया हूं तेरे अड्डे पे आज हो के दुखी
तुझे कसम, तुझे कसम है
जी भर के पिला दे पारो
दिल मेरा तोड़ के चल दी है कहीं चन्द्रमुखी

**हेमा –** सब उल्टा हो रहा है

**किशोर –** क्या उल्टा, क्या सुल्टा
क्या देवी, क्या कुल्टा

**हेमा –** सब गलत हो रहा है

**किशोर –** क्या गलत, क्या सही
अरे क्या दूध, क्या दही
कैसी कही? खूब कही
**हेमा –** देवदास
**किशोर –** हूं
**हेमा –** जरा होश में आओ
**किशोर –** पारो, पारो मेरी आगोश में आओ
**हेमा –** मैं पारो नहीं चन्द्रमुखी हूं
**किशोर –** लेकिन मैं बड़ा दुखी हूं
**हेमा –** देवदास
**किशोर –** हूं
**हेमा –** तूने पी ली है ज्यादा,
**किशोर –** क्या कहा आधा
अरे, अरे मेरा तो है पूरी का इरादा
क्यूं कि क्यूं कि, क्यूं कि
पीने वालों को पीने का बहाना चाहिए
अरे पीने वालों को पीने का बहाना चाहिए
**हेमा –** देवदास, मितवा, गाओ चन्द्रमुखी के पास आओ
**किशोर –** चन्द्रमुखी हो या पारो कोई फर्क नहीं है यारों
यारों को तो जीने का बहाना चाहिए
पीने वालों को...
दो हफ्ते हुए खुशी में पी
कि मुझको मिला प्यार तेरा
**हेमा –** पीना लेकिन कम, खुशी हो या गम
**किशोर –** खूब पियेंगे हम, ठर्रा हो या रम
अरे पीने का मजा तो कुछ आना चाहिए
पीने वालों को पीने का बहाना चाहिए
पीने वालों को...

## आराधना

**गीत** : आनन्द बक्शी **संगीत** : सचिन देव बर्मन

मेरे सपनों की रानी कब आएगी तू
आई रुत मस्तानी कब आएगी तू
बीती जाए जिन्दगानी कब आएगी तू

चली आ तू चली आ
मेरे सपनों की रानी...
प्यार की गलियां, बागों की कलियां
सब रंगरलियां पूछ रही हैं
गीत पनघट पे किस दिन गाएगी तू
मेरे सपनों की रानी...
फूल सी खिल के, पास आ दिल के
दूर से मिल के चैन ना आए
और कब तक मुझे तड़पाएगी तू
मेरे सपनों की रानी...
क्या है भरोसा आशिक दिल का
और किसी पे ये आ जाए
आ गया तो बहुत पछताएगी तू
मेरे सपनों की रानी कब आएगी तू...
आई रुत मस्तानी कब आएगी तू...

## रागिनी

**गीत** : एस.एच. बिहारी **संगीत** : ओ.पी. नैयर

**सहगायिका** : आशा भोंसले

**किशोर** – मैं बांगाली छोकरा करूं प्यार को नमुस्कारम
**आशा** – मैं मदरासी छोकरी मुझे तुमसे प्यारम
**किशोर** – मैं बांगाली छोकरा करूं प्यार को नमुस्कारम
**आशा** – मैं मदरासी छोकरी...
**किशोर** – हमरे बंगला देश में हर गोरी के लम्बे बाल
**आशा** – आज तो हर बाजार में सैयां मिलता नकली माल
करूंगी तेरे वास्ते सोलह सिंगारम
मैं मदरासी छोकरी मुझे तुमसे प्यारम
**किशोर** – मैं बांगाली छोकरा करूं प्यार को नमुस्कारम
**आशा** – मैं मदरासी छोकरी मुझे तुमसे प्यारम
**किशोर** – तुम जो सुनो बांगाली गाना मुनुवा जाए झूम
**आशा** – मेरे बांके नाच की सैयां मची रूस में धूम
मैं हूं पायल साजना और तू झंकारम
मैं मदरासी छोकरी मुझे तुमसे प्यारम
**किशोर** – मैं बांगाली छोकरा करूं प्यार को नमुस्कारम

| | |
|---|---|
| **आशा –** | मैं मदरासी छोकरी मुझे तुमसे प्यारम |
| **किशोर –** | सच पूछो तो मेरे दिल में प्यार इल्ले-इल्ले |
| **आशा –** | ओ बांगाली मेरा हो जा कहती है मिस पिल्ले |
| | कबसे तुझे पुकारती गंगोली यारम |
| | मेरा हो जा साजना फिर बेड़ा पारम |
| **किशोर –** | मैं बांगाली छोकरा... |
| **आशा –** | मैं मदरासी छोकरी... |

## नई दिल्ली

**गीत** : हसरत जयपुरी **संगीत** : शंकर-जयकिशन

मिलते ही नजर आप मेरे दिल में आ गए
अफसोस है कि आप भी मुश्किल में आ गए
मिलते ही नजर...
हो...दिल के कहने पे बढ़ते गए ये कदम
क्या खबर थी डगर भूल जाएंगे हम
भूल जाएंगे हम
जाते थे कहीं और कहीं और आ गए
मिलते ही नजर आप मेरे दिल में आ गए
हो...नैन जादू भरे मुस्कराते गए
मुस्कराते गए दिल चुराते गए
शिकवा जो किया हंसके हंसी में उड़ा गए
मिलते ही नजर आप मेरे दिल में आ गए
हो...जैसे आए थे हम तो चले जाएंगे
दिल भी रख लीजिए दिल भी दे जाएंगे
ये गम ही सही आपसे हम कुछ तो पा गए
मिलते ही नजर...
मिलते ही नजर आप मेरे दिल में आ गए
अफसोस है कि आप भी मुश्किल में आ गए
मिलते ही नजर...

## धड़कन

**गीत** : प्रेम धवन **संगीत** : रवि

मैं तो चला जिधर चले रस्ता
मुझे क्या खबर है कहां मेरी मंजिल
होगा कोई अपना भी साथी

होगी कहीं तो अपनी भी महफिल
मैं तो चला...
हुस्न इश्क का जहां, ये शोखियां ये मस्तियां
ये पर्वतों के काफिले ये बादलों की टोलियां
पूछती हैं मुझसे तू चला है किधर
मैं तो चला...
मुझको इश्क बहारों से, इन रंगीन नजारों से
मैंने चलना सीखा है दरिया के बहते धारों में
ये गुनगुनाती वादियां, ये फूलों भरी डालियां
ताज पहने बर्फ का ये जगमगाती चोटियां
पूछती हैं मुझसे तू चला है किधर
मैं तो चला...

## आन मिलो सजना

**गीत** : आनन्द बक्शी **संगीत** : लक्ष्मीकांत-प्यारेलाल

यहां-वहां सारे जहां में तेरा राज है
जवानी, ओ दीवानी, तू जिन्दाबाद
तेरे ही तो सर पे मुहब्बत का ताज है
जवानी, ओ दीवानी, तू जिन्दाबाद
तू बहारों का इशारा
बेसहारों का सहारा
सर पे तेरे बोझ है सारा
तेरे जवां हाथों में दुनिया की लाज है
जवानी, ओ दीवानी, तू जिन्दाबाद...
तेरे लिए कसमें नहीं
कसमें नहीं रस्में नहीं
तू किसी के बस में नहीं
जुदा सभी रस्मों से तेरा हर रिवाज है
जवानी, ओ दीवानी, तू जिन्दाबाद...
पीछे है बचपन दीवाना
आगे बुढ़ापा सयाना
साथ तेरे है जमाना
तेरी नजरें तो चांद-तारों पे आज हैं
जवानी, ओ दीवानी, तू जिन्दाबाद...
यहां-वहां, सारे जहां में...

# शोले

**गीत** : आनन्द बक्शी **संगीत** : राहुल देव बर्मन

**सहगायिका** : मन्नाडे

**किशोर** – ये दोस्ती हम नहीं तोड़ेंगे
**मन्नाडे** – तोड़ेंगे, दम मगर, तेरा साथ न छोड़ेंगे
**दोनों** – ये दोस्ती, हम नहीं तोड़ेंगे
तोड़ेंगे दम मगर तेरा साथ न छोड़ेंगे ये दोस्ती...
**किशोर** – अरे, मेरी जीत, तेरी जीत
तेरी हार मेरी हार, सुन ऐ मेरे यार
**मन्नाडे** – तेरा गम मेरा गम
मेरी जान तेरी जान ऐसा अपना प्यार
**किशोर** – जान पे भी खेलेंगे
**मन्नाडे** – तेरे लिए ले लेंगे सबसे दुश्मनी
**दोनों** – ये दोस्ती...
लोगों को आते हैं दो नजर, हम मगर
देखो दो नहीं
**किशोर** – अरे, हों जुदा या खफा दे दुआ ऐ खुदा,
ऐसा हो नहीं
**मन्नाडे** – खाना पीना साथ है
**किशोर** – मरना जीना साथ है
**दोनों** – ये दोस्ती...

# ज्वैल थीफ

**गीत** : मजरूह सुल्तानपुरी **संगीत** : एस.डी. बर्मन

ये दिल न होता बेचारा
कदम न होते आवारा
जो खूब-सूरत कोई अपना हमसफर होता
ये दिल...
सुना, जब से जमाने हैं बहार के
हम भी, आए हैं राही बनके प्यार के
कोई न कोई तो बुलाएगा
खड़े हम भी राहों में
ये दिल न होता बेचारा...

माना, उसको नहीं मैं पहचानता
बन्दा, उसका पता भी नहीं जानता
मिलना लिखा है तो आएगा
खड़े हैं हम भी राहों में
ये दिल न होता बेचारा...
उसकी, धुन में पड़ेगा दुख झेलना
सीखा, हमने भी खतरों से खेलना
सूरत कभी तो दिखाएगा
खड़े हैं हम भी राहों में
ये दिल न होता बेचारा...

## अमर प्रेम

**गीत** : आनन्द बक्शी **संगीत** : आर.डी. बर्मन

ये क्या हुआ कैसे हुआ
कब हुआ क्यूं हुआ
जब हुआ तब हुआ
ओ छोड़ो ये न सोचो
ये क्या...
हम क्यूं शिकवा करें झूठा
क्या हुआ जो दिल टूटा
शीशे का खिलौना था
कुछ न कुछ तो होना था, हुआ
ये क्या...
ऐ दिल चल पीकर झूमें
इन्हीं गलियों में घूमें
यहां तुझे खोना था
बदनाम होना था, हुआ
ये क्या...

## खानदान

**गीत** : नक्श लायलपुरी **संगीत** : खैय्याम

यारो आओ खुशी मनाओ आज से कालेज बन्द है
हल्ला गुल्ला शोर मचाओ आज से कालेज बन्द है
मोटी-मोटी सभी किताबें आज से रख दो तालों में
मस्ती के अफसाने छेड़ो आ जाओ दिलवालों में

ऐश उड़ाओ मिलकर गाओ, आज...
तुम्हीं बोलो इस दुनिया में कौन फरिश्ता है यारों
छुट्टी और शरारत में तो यूं भी रिश्ता है यारों
इसको छेड़ा उसे सताओ, आज...
दिल जो कहदे करते जाओ डालो खाक जमाने पे
तीरन्दाज नहीं है जिसका बैठे तीर निशाने पे
हर तितली से आंख मिलाओ, आज...
हमने डटकर मेहनत की है पहला नम्बर लाएंगे
निकलेगा जिस रोज नतीजा, हम बाजी ले जाएंगे
अब छुट्टी का जश्न मनाओ, आज...

## कटी पतंग

**गीत** : आनन्द बक्शी **संगीत** : आर.डी. बर्मन

ये जो मुहब्बत है, ये उनका है काम
अरे, महबूब का जो, बस लेते हुए नाम
मर जाएं, मिट जाएं, हो जाएं, बदनाम
रहने दो छोड़ो, जाने दो यार
हम ना करेंगे प्यार
ये जो मुहब्बत है...
टूटे अगर सागर, नया सागर कोई ले ले
मेरे खुदा, दिल से कोई, किसी के न खेले
दिल टूट जाए, तो क्या हो अन्जाम ये जो मुहब्बत है उनका है काम...
आंखें किसी से न उलझ जाएं, मैं डरता हूं
यारों, हसीनों की गली से मैं गुजरता हूं
बस दूर ही से, करके सलाम
ये जो मुहब्बत है, ये उनका है काम...
अरे महबूब का जो...

## बुड्ढा मिल गया

**गीत** : मजरूह **संगीत** : आर.डी. बर्मन

रात कली इक ख्वाब में आई
और गले का हार हुई
सुबह को जब हम नींद से जागे,
आंख उन्हीं से चार हुई

चाहे कहो इसे, मेरी मुहब्बत
चाहे हंसी में उड़ा दो
देख के तुमको
दिल को हुआ क्या
तुम्हीं एक तो बतला दो
तुमने कदम तो रक्खा जमीं पर
सीने में क्यों झन्कार हुई
रात कली एक ख्वाब में आई...
आंखों में काजल और लटों में
काली घटा का बसेरा
सांवली सूरत मोहनी मूरत
सावन रुत का सवेरा
जब से ये मुखड़ा, दिल में खिला है
दुनिया मेरी गुलजार हुई
रात कली एक ख्वाब में आई..

## कर्ज

**गीत** : आनन्द बक्शी **संगीत** : लक्ष्मीकांत-प्यारेलाल

रोमियो जूलियट लैला मजनूं
शीरी और फरहाद इनका सच्चा इश्क
जमाने की अब तक हैं यादें
याद मुझे आया इक ऐसे दिलबर का नाम
जिसने धोखा देकर नामे इश्क किया बदनाम
यही है साहबान कहानी प्यार की
किसी ने जान ली किसी ने जान दी
इक हसीना थी इक दीवाना था
क्या उमर क्या समां क्या जमाना था
एक दिन वो मिले रोज मिलने लगे
फिर मुहब्बत हुई कयामत हुई
खो गए तुम कहां सुन के ये दास्तां
लोग हैरान हैं क्योंकि वो गली बात किसकी चली
उस गली में मेरा आना जाना था, इक हसीना थी...
उस हसीना ने कहा सुन जाने वफा ये फलक ये जमीं
बात कुछ और थी वो नजर चोर थी

उसके दिल में छुपी चाह दौलत की थी
प्यार का तो फकत एक बहाना था, इक हसीना थी...
बेवफा ने अपने यार से महबूब से
ऐसा धोखा किया, जहर उसको दिया
मर गया वो जवां अब सुनो दास्तां
जन्म ले के कहीं फिर वो पहुंचा वहीं
शक्ल अन्जान थी, अक्ल हैरान थी
सामना जब हुआ फिर वही सब हुआ
उसपे ये कर्ज था उस का ये फर्ज था
फर्ज को कर्ज अपना चुकाना था, इक हसीना थी...

## चोर मचाए शोर

**गीत** : इन्द्रजीत तुलसी **संगीत** : रविन्द्र जैन

**सहगायिका** : आशा

**किशोर** – ले जाएंगे, ले जाएंगे
दिल वाले दुल्हनियां ले जाएंगे
अरे, रह जाएंगे, रह जाएंगे
पैसे वाले देखते रह जाएंगे
**कोरस** – ले जाएंगे-ले जाएंगे...
**किशोर** – तुम हो कली तो गुलाब हम हैं
**कोरस** – हो गुलाब हम हैं
**किशोर** – होठों से लगा लो तो शराब हम हैं
**कोरस** – हो शराब हम हैं
**किशोर** – कहते हैं लोग कि खराब हम हैं
तेरी हर बात का जवाब हम हैं
**कोरस** – लाजवाब हम हैं
**किशोर** – अपने दो हाथों, से
कमाया हुआ खाने वाले
हम ना पराया कभी पाएंगे
ससुरजी जी
**कोरस** – ले जाएंगे-ले जाएंगे...
तेरी सोन मछरिया
**किशोर** – ले जाएंगे
**कोरस** – ले जाएंगे-ले जाएंगे...

आशा – मैं भी तेरे साथ हूं, दिल भी तेरे साथ
कोरस – सजना, दिल भी तेरे साथ
आशा – चाहे जब आजा चन्ना, ले के बारात
कोरस – छेती-छेती आजा चन्ना, ले के बारात
किशोर – मेरे पास कोठी है न कार सजनी
कोरस – न कार सजनी
किशोर – कड़का है तेरा दिलदार सजनी
कोरस – दिलदार सजनी
आशा – कोठी बंगला ना मुझे कार चाहिए
दिल चाहिए, दिलदार चाहिए
किशोर – हां, फिर चलिए, सोणिए नी बलिए
दिल की ही दुनिया बसाएंगे
कोरस – ले जाएंगे-ले जाएंगे...
तेरे बाग की बुलबुल
किशोर – ले जाएंगे
कोरस – ले जाएंगे...ले जाएंगे...दिलवाले दुल्हनियां
ले जाएंगे...

## तीन देवियां

**गीत** : मजरूह सुल्तानपुरी **संगीत** : एस.डी. बर्मन

**सहगायिका** : लता

लता – लिखा है तेरी आंखों में किसका अफसाना
किशोर – अगर इसे समझ सको मुझे भी समझाना
लता – जवाब-सा किसी तमन्ना का
लिखा जो है मगर अधूरा है अरे ओऽऽ
किशोर – कैसे न हो मेरी बात अधूरी
अभी हूं आधा दीवाना
लता – लिखा है तेरी आंखों में किसका अफसाना
किशोर – अगर इसे समझ सको मुझे भी समझाना
लता – जो कुछ नहीं तो ये इशारे क्यों
ठहर गए तुम मेरे सहारे क्यों...ओ हो हो
किशोर – ओ...ओ थोड़ा सा हसीनों का सहारा लेना
है मेरी आदत ये जाना...
लता – लिखा है तेरी आंखों में किसका अफसाना

यहां वहां फिजा में आवारा
अभी तलक ये दिल है बेचारा अरे ओ...

**किशोर –** अरे दिल के तेरे हम खाक न समझे
तुझी को हमने पहचाना

**लता –** लिखा है तेरी आंखों में किसका अफसाना

**किशोर –** अगर इसे समझ सको मुझे भी समझाना

## कहानी किस्मत की

**गीत** : राजेन्द्र कृष्ण **संगीत** : कल्याणजी-आनन्दजी
**सहगायिका** : कृष्णा कल्ले

**किशोर –** सुनो सुनो, अरे सुनो
अरे भाइयो बहनों
अरे मगन भाई-छगन भाई
सांवरो रे-दांवरो
ओ राघोबा-ओ धोडीबा
ऐका हो ऐका
ओ करनैल सिंह, ओ जरनैल सिंह
अरे तुस्सी भी सुनो पापे
अरे रफ्ता रफ्ता देखो आंख मेरी लड़ी है
अरे आंख जिससे लड़ी है वो पास मेरे खड़ी है
मुझे जानती है जब से, ये मरती है तब से
मैं भी इसे चोरी-छिपे चाहता हूं तब से
दिल में ये मेरे बस गई, अरे कुड़ी फंस गई

**कृष्णा –** ये क्या कह रहे हो, मैंने ऐसा थोड़े ही कहा था

**किशोर –** अरे रफ्ता-रफ्ता देखो आंख मेरी लड़ी है
अरे रफ्ता-रफ्ता देखो...
मुझे प्यार सिखाया किसने, इसने
मुझे प्यार...
मुझे प्यार सिखा के दीवाना बनाया
किसने-अरे...इसने
वे प्यार का कमाल है शराब का सुरूर नहीं
होना था सो गया किसी का कुछ कसूर नहीं
सांसों में मेरे रस गई
ऐ...कुड़ी फंस गई...

कृष्णा – ओ-हो, ये क्या कर रहे हो
मैंने ऐसा तो नहीं कहा था

किशोर – अरे रफ्ता-रफ्ता देखो
आंख मेरी लड़ी है
अरे आंख जिससे लड़ी है वो मेरे पास खड़ी है
अरे पहले शरारत किसने की
इसने की...
अरे पहले शरारत करके मुहब्बत किसने की
अरे इसने की...
इसको पसन्द मैं, मुझे ये पसन्द है,
दिल से मिला है दिल, बात यहां बन्द है
बात भी है ये असली, अरे पांडुबा
पोरगी फसली ले फसली

कृष्णा – अरे पागल हो गए हो क्या
मैंने ऐसा तो नहीं कहा था

किशोर – तबड़िए लाजो नको
ऐ...तबड़िए लाजो नको
ऐ...तबड़िए लाजो नको

## सीमा

**गीत** : वर्मा मलिक **संगीत** : शंकर-जयकिशन

**सहगायिका** : आशा

**आशा** – वक्त थोड़ा-सा अभी कुछ और गुजर जाने दे
दिल में उठता हुआ तूफान ठहर जाने दे

**किशोर** – और थोड़ी देर देख लेने दे ये चेहरा
जिन्दगी भर की हसरत दिल से निकल जाने दे

**आशा** – वक्त थोड़ा-सा...

**किशोर** – तेरी मासूम जवानी का है अहसास मुझे
फिर भी बैठा ले घड़ी भर के लिए पास तुझे, ओ रानी

**आशा** – तन की दूरी न रहे मन का मिलन हो सच्चा
प्यार की आग में तन मन बिखर जाने दे
वक्त थोड़ा सा...
तेरी बांहों का कंवल चूम लूं तो चैन मिले राजा
तेरी बांहों में जरा झूम लूं तो चैन मिले राजा

**किशोर –** चन्द घड़ियां मिल गईं जो जिन्दगी से हमको
अपनी बांहों की पनाहों में गुजर जाने दे
**दोनों –** वक्त थोड़ा सा...

## अपराध

**गीत** : इन्दीवर **संगीत** : कल्याणजी-आनन्दजी
**सहगायिका** : लता

**किशोर –** हमारे सिवा, तुम्हारे और कितने दिवाने हैं
हमारे सिवा, तुम्हारे और कितने दिवाने हैं
**लता –** कसम से किसी को नहीं मैं जानती
**किशोर –** अच्छा
**लता –** और, किसी को नहीं पहचानती
**किशोर –** छोड़ो, छोड़ो ये तो बहाने हैं
हमारे सिवा...
खूबसूरती और वफा
देखी न, दोनों एक जगह
हां-हां, देखी न दोनों एक जगह
**लता –** होते हैं मर्द बड़े शक्की
बात है बिल्कुल पक्की
**किशोर –** भोली सी आती हो नजर
हां-हां, भोली-सी आती हो नजर
हो चंचल चालाक मगर
**लता –** औरत का दिल जाने नहीं
आप हमें पहचाने नहीं
**किशोर –** छोड़ो, छोड़ो, हम भी सयाने हैं
हमारे सिवा, तुम्हारे और...
तुम हो परेशान किस गम से
राजे-दिल कह दो हमसे
हां-हां, राजे-दिल कह दो हमको
**लता –** अपनी कहो, छोड़ो मेरी
करते हो क्यों हेरा-फेरी
**किशोर –** यारों पे तोहमत लगाते नहीं
सबको निशाना बनाते नहीं

| | |
|---|---|
| **लता –** | खुद हरजाई भौंरे हो तुम<br>एक जगह कब, ठहरे हो तुम |
| **किशोर –** | छोड़ो-छोड़ो हम तो परवाने हैं...<br>हमारे सिवा, तुम्हारे और... |

## प्रेम पुजारी

**गीत** : नीरज **संगीत** : आर.डी. बर्मन

हूं-फूलों के रंग से दिल की कलम से
तुझको लिखी रोज पाती
कैसे बताऊं किस-किस तरह से
पल-पल मुझे तू सताती
तेरे ही सपने लेकर के सोया
तेरी ही यादों में जागा
तेरे ख्यालों में उलझा रहा यूं
जैसे कि माला में धागा
हां-बादल, बिजली, चन्दन, पानी जैसा अपना प्यार
लेना होगा जनम हमें कई-बार
हां इतना मदिर इतना मधुर तेरा मेरा प्यार
लेना होगा जनम हमें कई-कई बार
सांसों की सरगम धड़कन की बीना
सपनों की गीतांजली तू
मन की गली से महके जो हरदम
ऐसी जूही की कली तू
छोटा सफर हो लम्बा सफर हो
सूनी डगर हो या मेला
याद तू आए मन हो जाए
भीड़ के बीच अकेला
हां बादल बिजली...
पूरब हो पश्चिम उत्तर हो दक्खिन
तू हर जगह मुस्कराए
जितना भी जाऊं मैं दूर तुझसे
उतनी ही तू पास आए

आंधी ने रोका पानी ने टोका
दुनिया ने हंसकर पुकारा
तस्वीर तेरी लेकिन लिए मैं
कर आया सबसे किनारा
हां....बादल बिजली चन्दन, पानी जैसा अपना प्यार
लेना होगा जनम हमें कई-कई बार

## नौ दो ग्यारह

**गीतः** मजरूह सुल्तानपुरी **संगीतः** सचिन देव बर्मन

हम हैं राही प्यार के हम से कुछ ना बोलिए
जो भी प्यार से मिला हम उसी के हो लिए
हम हैं राही...
दर्द भी हमें कबूल चैन भी हमें कबूल
हमने हर कली के फूल हार में पिरो लिए
जो भी प्यार से मिला...
धूप थी नसीब में तो धूप में लिया है दम
चांदनी मिली तो हम चांदनी में सो गए
जो भी प्यार से मिला...
दिल का आसरा लिए हम तो बस यूं ही जिए
इक कदम पे हंस लिए इक कदम पे रो दिए
जो भी प्यार से मिला...
राह में पड़े हैं हम कब से आपकी सनम
देखिए तो कम से कम
बोलिए ना बोलिए
जो भी प्यार से मिला...

## हाथी मेरे साथी

**गीत** : आनन्द बक्शी **संगीत** : लक्ष्मीकांत-प्यारेलाल
**सहगायिका** : लता

सुन जा ओ ठण्डी हवा
थम जा ऐ काली घटा
कुछ प्यारी-प्यारी बातें हमारी
आ जाते-जाते तू भी सुन जा

सुन जा ओ ठण्डी हवा...
हम आज दोनों अकेले हैं
सुन बावरी शोर यूं ही मचाना नहीं
नैनों में निंदिया नहीं आज
बस आज हमरे जिया में भी चैना नहीं
चोरी-चोरी, हौले-हौले
एक दूसरे से हम जो कहेंगे
ओ जाते-जाते तू भी सुन जा
सुन जा ओ ठण्डी हवा...

## लावारिस

**गीत** : अनजान **संगीत** : कल्याणजी-आनन्दजी

हूंऽऽ चार पैसे क्या मिले, क्या मिले भई क्या मिले
खुद को समझ बैठे खुदा
वो खुदा ही जाने अब होगा तेरा अंजाम क्या
काहे पैसे पे इतना गुरूर करे है
यही पैसा तो अपनों से दूर करे है, काहे पैसे...
सोने-चांदी के ऊंचे महलों में दर्द ज्यादा है चैन थोड़ा है
इस जमाने में पैसे वालों ने प्यार छीना है
दिल को तोड़ा है
पैसे की अहमियत से तो इन्कार नहीं है
पैसा ही मगर सब-कुछ सरकार नहीं है
इन्सां-इन्सां है, पैसा-पैसा है, दिल हमारा भी तेरे जैसा है
है भला पैसा तो बुरा भी है
ये जहर भी है, ये नशा भी है
ये नशा कोई धोखा जरूर करे है,
यही पैसा तो अपनों से...
काहे पैसे पे...
अरे चले कहां, ऐ, पैसे से क्या-क्या तुम यहां खरीदोगे
दिल खरीदोगे या कि जां खरीदोगे
बाजारों में प्यार कहां बिकता है
दुकानों पे यार कहां बिकता है
फूल बिक जाते हैं खुशबू बिकती नहीं
जिस्म बिक जाते हैं रूह बिकती नहीं

चैन बिकता नहीं ख्वाब बिकते नहीं
दिल के अरमान बेताब बिकते नहीं
अरे पैसे से क्या-क्या तुम खरीदोगे
दिल खरीदोगे या कि जां खरीदोगे
इन हवाओं का मोल क्या दोगे
इन घटाओं का मोल क्या दोगे
अरे इन जमीनों का मोल हो शायद
आसमानों का मोल क्या दोगे
पास पैसा है तो है ये दुनिया हसीं
हो जरूरत से ज्यादा तो मानो यकीं
ये दिमागों में पैदा फितूर करे है,
यही पैसा तो अपनों से दूर करे है...
काहे पैसे पे...

## हम किसी से कम नहीं

**गीत** : मजरूह सुल्तानपुरी **संगीत**: आर.डी. बर्मन

हमको तो यारा तेरी यारी जान से प्यारी
तू चाहे तोड़ दे तुझको दीवाना कैसे छोड़ दे
कैसे छोड़ दे
हमको तो यारा...
दिल के हीरे मोती आजा मेरे दिल में आ
तू है दौलत मेरी आजा मेरी मंजिल में आ
ऐ मेरी तमन्ना अब तू कहीं ना जा
दिल के हीरे मोती...
बेच भी डालो तो मेरा क्या है दिलदार
मैं तो इतना जानूं मुझको है तुमसे प्यार
हमको तो यारा...

## मिस मेरी

**गीत** : राजेन्द्र कृष्ण **संगीत** : हेमन्त कुमार

हारमोनियम बजाया...तबला बजाया
पर अफसोस...ये भी न आया, वो भी न आया

गाना न आया, बजाना न आया
दिलवर को अपना बनाना न आया
हां, गाना न आया, बजाना न आया
दिलवर को अपना बनाना न आया
कहीं तो है...कहीं रे है कहीं गा मा पाधा नी है
कहीं भागेश्वरी की बहन, कहीं जय जयन्ती की नानी है
हां, ये बोझा सात सुर का हमसे, उठता भी तो क्यों उठता
हां...हांऽऽऽ हमें एक सुर भी हिलाना न आया
दिलवर को अपना बनाना न आया
हां...गाना न आया, बजाना न आया
दिलवर को अपना बनाना न आया
अरे धत्त तेरे की...
सड़क टेढ़ी है देसी राग की, ई ई ई...
चल मोड़ ले टम टम...
गले को गर्म कर ले छोड़ अंगरेजी में एक एटम
हां अंगरेजी में एक एटम
टा टा रा... पा पा पा...टा ट रा... पा प पा...
ओ माई सीता... पपलु पपीता, ए कि तू कीत्ता...
ओडिए...सोनीए गोरिए...गन्ने दीए पोरिए
काश कि मैं जा सकता लंदन
सीख के आता वहां से वायलिन
अफसोस...अफसोस...अफसोस...
अफसोस लेकिन, ओ जानेमन, हाय जानेमन
कांटे छुरी से खाना न आया...
कांटे से छुरी से खाना न आया
दिलवर को अपना बनाना न आया...
दिलवर को अपना बनाना न आया
गाना न आया, बजाना न आया
अरे ये नहीं आया, अरे वो नहीं आया
गाना न आया...बजाना न आया
दिलवर को....

## परवरिश

**गीत** : आनन्द बक्शी **संगीत** : लक्ष्मीकांत-प्यारेलाल

**सहगायक** : रफी

हम प्रेमी प्रेम करना जानें
कहें न दिल की बात सदा चुप रहना जानें
हम प्रेमी प्रेम करना जानें
प्यार के दुश्मन को हजारों में पहचाने
हम प्रेमी...
अपनों से जब ठेस कोई लग जाती है
हिम्मत अपनी और भी बढ़ जाती है
ये मत भूलो ऐसे ही दीवानों के
पैरों में जंजीर भी पड़ जाती है
दीवाने जंजीर से क्या डरना जानें
हम प्रेमी...
मुजरिम को परदा छुपा न पाएगा
चिंगारी के खेल में जल जाएगा
जलने वाला आग भी लगा सकता है
ये तो उसका वार ही बता सकता है
हम तो जिसका वार उसी पर धरना जानें
हम प्रेमी...
आपस में टकराना कैसा गाओ मिलकर साथ मेरे
मेरे लिए तो हो तुम दोनों जैसे ये दो हाथ मेरे
आपके कदमों के जैसा दुनिया में कहां आराम कोई
आपकी छाया है हम पे तो कर जाएंगे काम कोई
हम मतवाले प्यार से जीना मरना जानें
हम प्रेमी...

## सनम तेरी कसम

**गीत** : शैलेन्द्र **संगीत** : आर.डी. बर्मन

शीशे के घरों में देखो तो पत्थर दिल वाले बसते हैं
जो प्यार को खेल समझते हैं और तोड़ के दिल को हंसते हैं
कभी जान पे खेल के भी जग में
कसमों को निभाया जाता था

जब वादे भुलाने से पहले खुद को ही भुलाया जाता था
अब कसमें कितनी झूठी हैं और वादे कितने सस्ते हैं
अजी प्यार सौदा दिलों का है जो ये व्यापारी क्या जानें
अपनी हर बात छुपाते हैं दीवानों पे फिकरे कसते हैं
शीशे के घरों में देखो तो...

## दिल्ली का ठग

**गीत** : साहिर लुधियानवी **संगीत** : आर.डी. बर्मन

**सहगायिका** : आशा

**किशोर** – हम तो मुहब्बत करेगा, दुनिया से नहीं डरेगा
चाहे ये जमाना कहे हमको दीवाना
अजी हम तो मुहब्बत करेगा
चुपके आप दिल ले के चले जाते हैं
अजी हम तो मुहब्बत...

**आशा** – मेरी जूती से

**किशोर** – ठोकर से और अरमां यह जवां होते हैं
दुनिया में ऐसे भी दिलवाले कहां होते हैं

**आशा** – अरे वाह रे मजनूं

**किशोर** – लैला लैला करेगा, ठण्डी आहें भरेगा
चाहे जमाना कहे हमको दीवाना
अजी हम तो मुहब्बत करेगा

**आशा** – उहं...

**किशोर** – दूर हो-हो के अजी यूं ना सताओ हमको
हम हैं तुम्हारे जरा ये तो बताओ हमको

**आशा** – डूब मरो

**किशोर** – डूबेगा नहीं तरेगा, प्यार से हम नहीं डरेगा
चाहे ये जमाना कहे हमको दीवाना
अजी हम तो मुहब्बत करेगा...

## कुर्बानी

**गीत**: फारूक कैसर **संगीत** : कल्याणजी-आनन्दजी

**सहगायक** : अनवर और साथी

हो तुझ पे कुरबां मेरी जान मेरा दिल मेरा ईमान
यारी मेरी कहती है यार पे कर दे सब कुर्बान
होय कुर्बानी, कुर्बानी, कुर्बानी

अल्लाह को प्यारी है कुर्बानी
साये में तलवारों के सीने हैं दिलदारों के
दुश्मनों के जानी दुश्मन
यार सच्चे यारों के हम यार सच्चे यारों के
हो आंधी आए या तूफान यार खड़े हैं सीना तान
यारी मेरी कहती है, यार पे कर दे सब कुर्बान
कुर्बानी, कुर्बानी, कुर्बानी
अल्लाह को प्यारी है...
यार ऐसा मिल गया दिल हमारा खिल गया
हाथ में जब हाथ आया तो जमाना हिल गया
दो हाथों की देखो शान ये अल्लाह है ये भगवान
यारी मेरी कहती है यार पे कर दे सब कुर्बान
कुर्बानी, कुर्बानी, कुर्बानी

## धर्मवीर

**गीत** : आनन्द बक्शी **संगीत** : लक्ष्मीकांत प्यारेलाल
**सहगायिका** : लता

किशोर– हम बन्जारों की बात मत पूछो जी
कोरस– ला ला ला ला आ आ आ आ
लता – हम बन्जारों की बात मत पूछो जी,
जो प्यार किया तो प्यार किया
जो नफरत की तो नफरत की
किशोर– अच्छा ये बात है तो फिर आयेंगे
अच्छा ये बात है तो फिर आयेंगे
हम तरे प्यार को आजमायेंगे
लता – हम बन्जारों की बात मत पूछो जी
जो प्यार किया तो प्यार किया
जो नफरत की तो नफरत की
कोरस– ला ला ला ला आ आ आ आ
लता – हम दिल नहीं देते हम जान देते हैं
हम दिल नहीं देते, हम जान देते हैं
किशोर– ये दुश्मनी है
लता – तुम दोस्ती ना समझा
किशोर– दिली की लगी है
लता – तुम दिल्लगी ना समझो

दिल के मारों की बात मत पूछो जी
जो प्यार किया तो प्यार किया
जो नफरत की तो नफरत की

किशोर– ये लोग हैं बन्जारे, ये तुम कहो प्यारे
क्या हो...जब तड़प के दिल दिल को पुकारे लता

लता– सर हाथ पे रख के

किशोर– साथी पुराने आये

लता – सब देखते हैं

किशोर– वो यार को ले जाए,
सच्चे यारों की बात मत पूछो जी
जो प्यार किया तो प्यार किया
जो नफरत की तो नफरत की
तुम जो कहते हो, हम वो करते हैं

लता – हम जो करते हैं तुम वो कहते हो, कुछ शत रख लो

किशोर– मांगो जवानी दे दें

लता – काफी नहीं है

किशोर– ये जिन्दगानी दे दें
हम दिलदारों की बात मत पूछो जी
जो प्यार किया तो प्यार किया
जो नफरत की तो नफरत की
हम बन्जारों की बात मत पूछो जी....

लता – हम बन्जारों की बात मत पूछो जी

किशोर– जो प्यार किया

लता – तो प्यार किया

किशोर– जो प्यार किया

लता – तो प्यार किया

दोनों – जो नफरत की तो नफरत की,

■■■

www.ingramcontent.com/pod-product-compliance
Ingram Content Group UK Ltd.
Pitfield, Milton Keynes, MK11 3LW, UK
UKHW020050200726
13845UKWH00055B/632

9 788171 823086